本书系教育部首批『三全育人』综合改革试点院（系）建设阶段性成果

安徽省高校弘扬社会主义核心价值观名师工作室『三全育人』理念下高校辅导员工作创新研究项目阶段性成果

安徽师范大学文学院『青春丝语』文丛

我们的青春

安徽师范大学文学院学生思想政治工作巡礼（2012—2019）

戴和圣◎主编

安徽师范大学出版社

ANHUI NORMAL UNIVERSITY PRESS

·芜湖·

总　序

青春有很多底色，奋斗的青春最美丽；青春有很多条路，追梦之路风景这边独好；青春有很多迷茫，亦有诗和远方；青春有很多故事，故事里的你我是最美的风景；青春有很多味道，但无论酸甜苦辣，品味起来，都是我们的青春。

习近平总书记指出："历史只会眷顾坚定者、奋进者、搏击者，而不会等待犹豫者、懈怠者、畏难者。"作为中国力量重要贡献者的青年大学生更要认清时代之变和使命担当，以不屈的斗志、昂扬的姿态、奋进的脚步去追逐梦想和光芒。为了全面提升学生综合素养，文学院秉承"文以载道、学以化人"的育人理念，搭建发展型学生成长平台——青春丝语，以青春的名义讲好中国故事，唱响中国旋律，彰显青春正能量。

我们致力于将"青春丝语"打造成大学生思想政治工作的综合平台和抓手，主要包括：研究层面，开设"学生工作沙龙"，结合大学生成长实际加强校本课题研究、工作案例研究、专项课题研究，催生新项目、新课题和新文章，强化日常积累。辅导层面，建成大学生发展辅导站（学院心理咨询室），对接学院课程群辅导室，搭建师生沟通交流平台，构建教师对大学生发展辅导"进教室、进宿舍、进辅导站"的"三进"良性循环体系。讲座层面，精心打造大学生成长辅导讲座，基于大学生成长需求，举办青春励志、心理健康、人际交往、创新创业类讲座，助力大学生学知识、攒经验、长才干。活动层面，根据大学生思想政治工作要求，结合大学生身心特点和专业实际，举办心理健康教育月、精神文明月、戏剧戏曲节、体育文化节、传统文化进校园等活动，寓教于乐，潜移默化，润物无声。文字层面，既要固化活动成果，汇集成型成熟的作品，也要发挥作品在以文化人以文育人中的标杆作用、影响作用和引领作用。

我们致力于打造诗文朗诵、话剧汇演、双迎晚会、社会实践等校园文化活动品牌，联动"四个课堂"：第一课堂长知识，强化课程思政，促进教书育人和谐统一；第二课堂长技能，强化素质拓展，促进文化育人和谐统一；第三课堂长经验，强化社会实践，促进实践育人和谐统一；第四课堂长素养，强化网络意识，促进网络育人和谐统一。凝聚青春力量，助力大学生成长。

我们致力于培育和支持大学生自我教育、自我管理、自我服务、自我监督能力的提升，营造健康、积极、宽松、和谐的校园文化环境，大力支持赭麓书画社、江南诗社、五四爱心学校、太阳话剧社、汉语桥协会、江淮秘书社、德雅书苑等大学生社团的建设，形成百花争艳满园春的局面，促进大学生身心健康、快乐发展。

我们致力于打造大学生专业拓展活动品牌，大力培育和发展汉语言文学（师范）专业"师范生技能培养工程"、汉语言文学（应用）专业"玩转汉语言"、汉语国际教育专业"带你读懂中国"、秘书学专业"秘书实务调研（国际秘书节）"、戏剧影视文学专业"传统戏剧进校园"等素质拓展平台，实现"专业—社团—平台—学生"互联互动、共同发展的育人局面。

我们致力于鼓励和支持学生会、社团、班级独立自主开展工作，大力扶持教育部中国大学生在线安徽师大校园通讯站、中国青年网安徽师大校园通讯站提升运行能力，努力实现学生人人有成长梦想、人人有展示舞台、人人有发展机会的育人格局。

"安徽师范大学文学院'青春丝语'文丛"包括大学生原创校园

诗歌、校园话剧和社会实践作品，同时选录部分优秀校友访谈录，等等。这既是大学人才培养改革创新的最新成果，也是大学生思想政治工作的有益探索。育人的工作，一直在路上。我们学着优雅地转身，时时不忘专注地回头，微笑着向前……

所有的选择都因为爱。当青春遇见新时代，我们用读书厚积青春，用青春激扬文字，用文字拥抱梦想。

我们以青春的名义，与时代同呼吸，同祖国共奋进！

戴和圣

二〇一九年十一月二十四日

序

杨绛先生说过，读书是为了遇见更好的自己。

青春，亦是如此，奋斗的青春最美丽。

青春是美好的。青春或有激情、希望、挑战、收获，或有迷茫、焦虑、挫折、失去，正是酸甜苦辣涩，构成了青春本来的味道。青春可以用来折腾，摔倒了再重新站起来，不放弃才是青春应有的样子。青春是一种经历，可以用来回忆，有故事方是青春该有的内涵。今天，你奋斗的样子，就是明天值得骄傲的美好。

青春无在乎长短。青春可以很长很长，只要有追梦的心，奋力奔跑着，就有不老的青春。青春也可以很短很短，奋进的心老去，停下来，就无可青春。因此，不要留一丝遗憾给青春，不要把哪怕一点点不快乐的人和事留给青春。不要因为一时的得到而失去未来的拥有，也不要因为暂时的失去而忽略了青春的未来。

青春的路丈量着追梦的旅程。青春的路有很多条，但归结起来就两条：一条用心走，叫梦想，要能仰望星空，欣赏风景；一条用脚走，叫现实，要能脚踏大地，汲取能量。梦想照进现实，慌了心，就会忘了梦想，慢了脚步，就会赶不上梦想。青春要精彩，就应该做到：心中有理想，初心不忘；眼里有天地，豪气万丈；脚下有力量，步步铿锵。

青春是一种生命的体验。青春，总有太多的想法一直在想，总有太多的期待一直在等，总有太多的梦想一直在梦，总有太多的言语一直在诉。要我说，青春，其实很多事轻轻放下就成了故事，很多人深

我们的青春

安徽师范大学文学院学生
思想政治工作巡礼(2012—2019)

深记住就成了回忆，很多遗憾淡淡看开就成了经历，很多美好慢慢享受就成了成长。

青春是一次成长的旅行。不要介意目的地在哪里，而在乎沿途的风景。你用怎样的心来看这个世界，世界就会还你怎样的风景。青春的长河里，总有碎雨敲窗，也有小风拂面，有山雨欲来，亦有阳光灿烂，甚或大风长浪、风雨交加，但终归潮起潮落。在你的世界里，你想要的样子，将永远停留在你自己的心里。

凡是过往，皆为序章。之于青春，所有的努力都是值得的。

如此，让青春微笑向前。

是为序。

序

第二篇章　聚是一团火　散为满天星

第三篇章　奋斗的青春最美丽

第四篇章　春色满园关不住

第一篇章　梦想起航的地方

青年强，则国家强。当代中国青年生逢其时，施展才干的舞台无比广阔，实现梦想的前景无比光明。

——习近平2022年10月16日《在中国共产党第二十次全国代表大会上的报告》

一、联动"四个课堂",落实"三全育人"

——安徽师范大学文学院"三全育人"综合改革试点工作进展情况

2018年10月,安徽师范大学文学院"三全育人"综合改革试点院(系)获批立项,成为全国高校首批50个"三全育人"综合改革试点院(系)之一,也是安徽省唯一入选的本科院(系)。

安徽师范大学文学院现有汉语言文学、秘书学、汉语国际教育、戏剧影视文学等本科专业,在校本科生1 800余人。学院历来重视"三全育人"工作,因其底蕴深、平台高、队伍强和影响大,拥有良好的育人传统和工作基础。

学院前身是1928年建立的省立安徽大学中国文学系,是安徽省高校办学历史最悠久的院(系)之一。刘文典、郁达夫等一大批著名学者曾在这里著书立说、弘文励教,铸就教书育人的大师风范,形成了育人工作的优良传统。

学院拥有教育部省属重点研究基地中国诗学研究中心、中国语言文学博士学位授权一级学科、国家级特色专业建设点、安徽省属本科高校一流学科、安徽省A类重点学科等高水平学科专业平台。

学院师资力量雄厚,高级职称和博士学位获得者近70%。学院还拥有一支高素质的学工干部队伍,近年来学院辅导员在各项大赛中展示风采:1人获全国高校辅导员职业能力大赛三等奖,2人获安徽省高校辅导员素质能力大赛特等奖,1人获评"安徽省高校辅导员年度人物",1人获安徽省"微团课"大赛一等奖、安徽省高校教师就业指导课程教学大赛金奖,1人获安徽省心理健康教育微课比赛一等奖。

学院的思想政治工作成效得到了各级主管部门高度评价和学校上

下的一致肯定。近年来，《人民日报》《光明日报》《中国教育报》等主流媒体介绍学院的思想政治工作特色和经验百余次，产生了较大的社会影响。

（一）学院试点工作的进展与成效

1.制定了总体规划。

以构建"三全育人"机制和推进"十大育人"体系为主线，统筹各方资源与力量，强化全员联动育人的协同性，深化全过程育人的有效性，突出全方位育人的连贯性；坚持统筹领导，推进全员协同育人取得实效；坚持改革创新，推进全过程育人迈上新台阶；坚持问题导向，推进全方位育人更加立体化。

2.确立了工作思路。

根据"三全育人"和"十大育人"的总体要求，结合学院的职责使命和工作实际，坚持以"四个课堂"联动为依托，推动落实"三全育人"根本任务。立足"第一课堂"课程育人阵地，丰富"第二课堂"文化育人空间，开发"第三课堂"实践育人平台，强化"第四课堂"网络育人功能（见图1）。

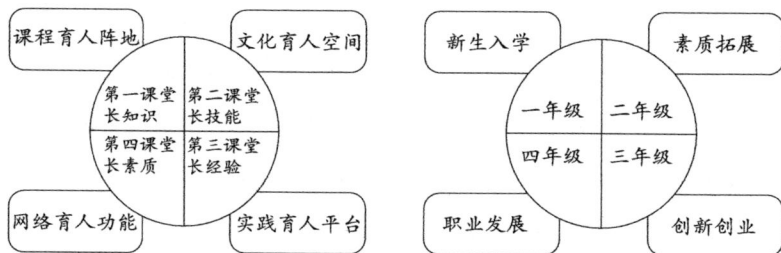

图1 "四个课堂"联动机制

3.落实了具体举措。

围绕"四个课堂"联动，采取了一系列行之有效的对策举措，将"三全育人"落实落细。

（1）立足第一课堂，深化课程育人。

第一，以"立德树人"为宗旨，优化课程目标。贯彻"立德树人"的教育理念，以培养和造就品德高尚、基础扎实并富有创新精神、人文情怀和实践能力的高素质复合型人才为目标，立足课堂主渠道，把思想政治教育元素渗透到课堂教学全过程，注重以文化人、以文育人，最大程度地提升在校大学生对优秀传统文化的自豪感和自信心，帮助他们树立正确的道德伦理观、人生观、价值观和审美观，在潜移默化中重塑大学生的灵魂，努力实现春风化雨、润物无声的育人效果。

第二，以"课程辅导"为抓手，提升育人实效。注重发挥课程育人功能，实施课程辅导制度，由专业任课教师固定时间进班级，辅导学生学业、生活、情感等问题，解答学生生活、学习、工作中的困惑，帮助学生成长成才。课程辅导畅通了师生沟通渠道，延展了课程育人的时空，拓展了课程育人的内涵，有效发挥了专业教师的独特育人优势，将教书和育人相统一，将解决学生实际问题与思想问题相统一，取得了良好成效。

第三，以"课程育人"为标尺，督导课堂质量。选配思想品德高、教学效果好的资深教授组成学院教学督导团，将"课程育人"作为教学督导的重要标准，抓住听课、评课指导青年教师参加教学基本功大赛、课堂教学考核等环节，对授课教师的教学内容予以深层督导。在督导团的指导下，教师的教学质量有了极大的提高。文学院饶宏泉老师荣获首届长三角师范院校教师智慧教学大赛一等奖。

（2）丰富第二课堂，延展文化育人。

第一，以专业活动为载体，挖掘文化育人资源。搭建"学海导航""名师导教""与作家面对面""实务专家"等助学平台，形成品牌效应。拓宽文化推广平台，打造校园文化精品活动。发展好话剧汇演、诗文朗诵、双迎晚会、志愿服务等文化活动，精心打造"我们的大学""我们的青春""我们的时光"等文化品牌，初步形成文体活动百花争艳满园春的景象。

第二，实施"专业+社团"技能培养提升工程。构建每个专业有对口社团、每个社团有精品活动、每个学生有发展机会的平台体系。

第三，以"典型引领"为依托，弘扬社会主义核心价值观。重视培育师生先进典型，充分发挥典型的辐射引领作用。涌现了全国活力团支部、全国三八红旗手、全国语言文字先进工作者、中国好人、中国好网民、安徽省五四红旗团委、全省教育系统师德标兵、学校终身成就奖、安徽省普通高校青年教师教学竞赛一等奖获得者、安徽省教坛新秀等一大批师生典型，他们的事迹成为传播社会主义核心价值观的生动教材。

第四，以文化传承为使命，坚定文化自信。深化文化育人内涵，探索中华优秀传统文化有效融入思政教育的路径。致力于国学传播与推广的学生社团——德雅书苑，以其影响力和号召力当选全国高校国学联盟会员单位、安徽省高校国学联合会会员单位，并获得中国青年志愿服务项目大赛银奖等。我院教师杨四平参与指导策划，学校中国诗学研究中心支持确定诗歌选材，方维保教授现场讲解，助力安徽卫视大型诗歌类文化节目《诗·中国》。

（3）开发第三课堂，强化实践育人。

第一，以"学分认证"为抓手，推进实践教学改革。将实践育人工作纳入教学计划，重视师范生从教技能的培养和训练，将专业特色显著的第二课堂系列活动纳入素质拓展学分认证体系（见图2），最大程度地激发学生的创新热情，培养其创新思维和实践能力。在首届长三角师范生教学基本功大赛中，两名学生获得语文组一等奖，其中1人为一等奖第一名。

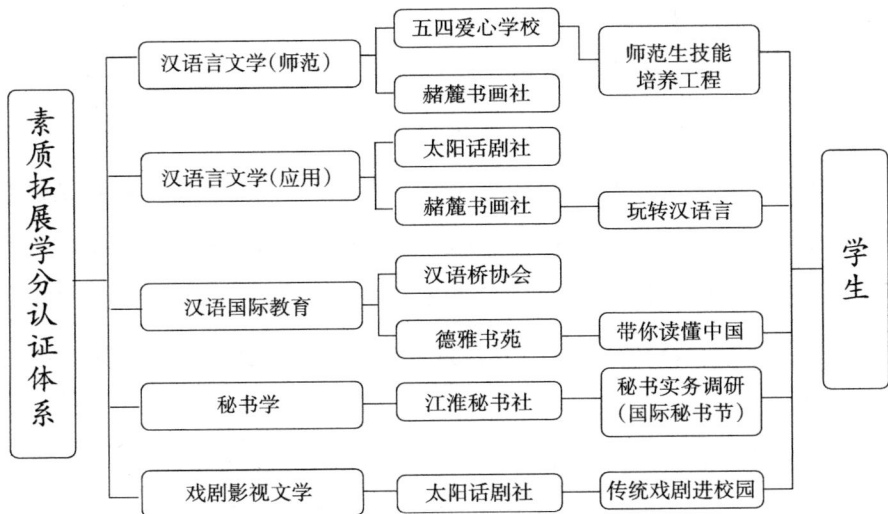

图2 素质拓展学分认证体系

第二，以"双创项目"为平台，推进创新创业教育。创新创业教育成效明显，出版《文苑初鸣集》《兴趣·学习·尝试》《实践出真知》《此间雅言》《此间思语》《此间芳华》等本科生优秀作品集和优秀双创论文集。

第三，以"社会实践"为载体，创新实践育人模式，形成"日常+专项""实践+专业""实践+实习+就业"的体制机制。

（4）利用第四课堂，创新网络育人。

第一，坚持"以网聚人"理念，建立"以网育人"机制。建设学生工作（学生思想政治工作）网，形成以学院官方微信公众号为新媒体运营主阵地、以专题网站为思想引领集合点、以官方微博为联系青年主渠道的一体化自媒体育人平台，构建"大网络"思政格局。

第二，强化网络安全教育，营造清朗网络环境。强化网络安全意识，树立网络安全思维，筑牢网络安全防线，创作网络文化产品，传播主旋律、弘扬正能量。

第三，健全评价认定机制，固化网络文化成果，推动网络思政品牌化、专业化、系统化。

4.完善了保障体系。

一是加强全面领导。将思想政治工作列为"一把手"工程，切实加强组织领导、统筹规划。党委书记、院长带头走进课堂讲党课和形势政策课。实施辅导员+班主任联动育人、高年级党员+低年级学生联动成长模式。深入师生一线，积极挖掘"三全育人"典型，深刻总结育人工作经验，打造一批有影响力的教学团队，组织专题研究、编写工作案例。

二是实现全员协同。构建以党政干部、党务骨干、辅导员、班主任等专职学工队伍为主体，专任教师、科研骨干与管理服务人员为"两翼"的全员联动机制，努力实现全员育人。坚持科研育人导向，鼓励教师将科研成果用于课堂教学、带领学生进入教师科研团队。挖掘服务岗位的育人要素，强化教学、图书、工勤等服务岗位的协同联动。文学院党委获批安徽省第五批学习型党组织建设工作示范点，1个学生党支部获评校级先进基层党组织。

三是推动全方位育人。打造"青春丝语"心理育人综合平台。创新大学生发展辅导站（学院心理咨询室）运行模式，构建教师辅导"进教室、进宿舍、进辅导站"体系，实现学生德商、情商、智商、能商的协同发展。建立校院两级管理下的大学生心理危机干预机制，形成校、院、学生三方面各有侧重、各司其职又相互关联的心理危机干预体系。注重人文关怀，确保资助育人"有温度、有广度、有深度"。重视精准帮扶，完善领导关心、教师参与、校友助力的全员化资助体系，做到"资助、励学、育人"相结合。深化组织育人，树立以党支部育人为先的鲜明导向，重视学生党员的日常教育管理，创设师生支部共建的工作载体，促进共同发展，增强群团组织活力，有效形成育人合力。

（二）学院试点工作的特色培育和品牌凝练

1.健全"四个课堂"联动育人机制。

学院修订了2018年版人才培养方案，抓住专业认证试点的契机，更加凸显以学生为中心的培养理念，注重课程的培育优化。修改了第二课堂活动课程规划方案，更加突出第二课堂活动的专业性和育人导向。扩展了第三课堂实践育人的空间内涵，更加彰显日常+专项、专业+社团、社会热点+时代主题的价值导向。优化了网络育人平台的升级改造方案，新创设"安师大文学院学术论坛"微信公众号，搭建了科研育人的新平台；全新改版了学院学生工作网，更加突出了网络育人的时效性和互动性。落在我们学院的两大通讯站中国青年网安徽师范大学通讯站和中国大学生在线安徽师范大学通讯站再次获得表彰：中国青年网安徽师范大学通讯站荣获2018年度"优秀校园通讯站"，并包揽全部评选类奖项，助力学校获评"优秀新闻宣传单位"，指导教师荣获"优秀指导教师"，四名通讯员荣获"优秀通讯员"，四篇稿件荣获"优秀原创奖"，一个支教实践团队荣获"全国百强传播力团队"；中国大学生在线安徽师范大学通讯站获评全国"十佳校园网络通讯站"及"新媒体贡献奖"，2人获评"校网通十佳指导教师""新媒体优秀指导教师"，3人获评"十佳校园媒体人""优秀校园媒体人"和"新媒体优秀学生编辑"，2篇原创作品获"年度优秀原创内容奖"。

2.打造"青春丝语"大学生助长综合平台。

围绕青春励志、人际交往、安全稳定等主题，组织大学生成长辅导讲座；策划精神文明月、体育文化节、传统文化进校园等主题活动，选树了十佳大学生、自强之星、十佳志愿者等一批成长典型。"青春丝语"大学生发展辅导站工作在教育部全国学生资助管理中心现场观摩中获得好评。"'青春丝语'文丛"已先后出版《风景这边独好——安徽师范大学文学院学生社会实践活动优秀作品集》等书，反响良好。

3.建设"专业+社团"专业技能培养提升工程。

学生在专业技能比赛中尽展风采：1人获杭州诗词大会总冠军，被授予"最佳杭州诗词文化大使"称号；2人获安徽省职业生涯规划大赛金奖，全国朗诵大赛二等奖。12名学院师生在安徽省校园读书创作活动中获奖，学院承办的中华诗词大会活动获"优秀读书品牌活动奖"。以太阳话剧社为依托，戏剧影视文学专业学生创作的微电影作品获"极光之夜·大学生微电影嘉年华"新中国成立70周年特别奖。

4.建立"辅导员+班主任"联动育人、"高年级党员+低年级学生"联动成长模式。

初步实现低年级班主任全覆盖，卓越班全过程配备学习导师，"导生制"运行情况良好。围绕帮扶学习困难、心理困难、交往困难、就业困难学生等专项活动，深入实施一对一、一对多帮扶措施，组建学习小组、兴趣小组、双学小组等形式，实现以老带新、以强带弱、朋辈教育、典型引领的效果显著。

（三）下一步试点工作的思路和举措

经过一年的试点，学院"三全育人"综合改革工作平稳进行，预期目标较好达成。下一步，我们将围绕以下工作有序推进：

一是坚持专业教育和思政教育相结合。重点研究如何发挥思政课程对课程思政的专业引领作用，如何发挥课程思政对思政课程的重要支撑作用，如何构建思政课程与课程思政理念协同联动、教师协同联动、教材协同联动、教法协同联动、管理协同联动等工作机制，积极探索课程思政的有效方法和可行路径，真正使各门课程都能守好一段渠、种好责任田，使各类课程与思想政治理论课同向同行，形成协同效应。

二是坚持线上教育和线下教育相结合。一方面要继续发扬高校思想政治工作的传统优势，另一方面要进一步强化互联网思维，科学应对新媒体的机遇与挑战，推动思想政治工作传统优势同信息技术高度融合，增强思想政治工作的时代感和吸引力。

三是坚持思政教育和人文教育相结合。既要"用好课堂教学这个主渠道"，又要注重以文化人、以文育人，深入开展文明校园创建活动，开展形式多样、健康向上、格调高雅的校园文化活动。我们将充分挖掘优秀传统文化的教育资源，丰富思政理论教育的内容和形式。

四是坚持校内教育和校外教育相结合。加强思想政治工作，课堂教育是主渠道，课外教育是主阵地，两者的结合才能产生思政教育的合力。下一步我们将充分挖掘和拓展校外教育资源，努力实现教育与社会相统一、教育与生活相统一，从而引导学生更好地学会生存、学会学习、学会合作、学会交往。（文中数据截至 2019 年 12 月）

二、大学生助长平台建设情况概述

安徽师范大学文学院创建并致力于打造"青春丝语"大学生助长平台（见图3）：结合大学生身心特点和成长实际，做好理想信念、诚信感恩、校规校纪等专题教育；办好"学生工作沙龙"，加强工作案例等方面研究；创新大学生发展辅导站（学院心理咨询室）运行模式，构建教师对大学生发展辅导"进教室、进宿舍、进辅导站"的"三进"体系；围绕青春励志、人际交往、安全稳定等主题，组织大学生成长辅导讲座；策划心理健康月、精神文明月、体育文化节、传统文化进校园等主题活动；选择树立并发挥好青春典型在育人中的标杆和引领作用，实现学生德商、情商、智商、能商的协同发展。

研究层面：开设"学生工作沙龙"，结合大学生成长实际，加强校本课题研究、工作案例研究、专项课题研究。重视功夫在平时的基础建设，催生新项目、新课题和新文章，强化日常积累。

辅导层面：建成大学生发展辅导站（学院心理咨询室），对接学院课程群辅导室，搭建师生沟通交流平台，构建教师对大学生发展辅导"进教室、进宿舍、进辅导站"的"三进"良性循环体系。

讲座层面：2014年3月至今，精心打造大学生成长辅导讲座，基于大学生成长需求，举办青春励志、心理健康、人际交往、创新创业类讲座，助力大学生学知识、攒经验、长才干。发挥"青春丝语"大学生助长平台作用，通过专题讲座与学生进行情感沟通、心灵交流，邀请专业人士走进学院，针对人际交往、恋爱关系、心理健康、文学修养等专题进行指导，至2019年12月已成功举办30讲。依托大学生发展辅导站，促进学生全面发展，助力学生成长成才。

活动层面：根据大学生思想政治工作要求，结合大学生身心特点和专业实际，举办心理健康月、精神文明月、戏剧戏曲节、体育文化节、传统文化进校园等活动，寓教于乐，润物无声。

文字层面：发挥专业特长，举办各类主题征文大赛，结集出版《文苑初鸣集》《大爱敬文，止于至善》等书籍。固化活动成果，同时对优秀作品进行展示，发挥作品在育人中的标杆作用、影响作用和引领作用。

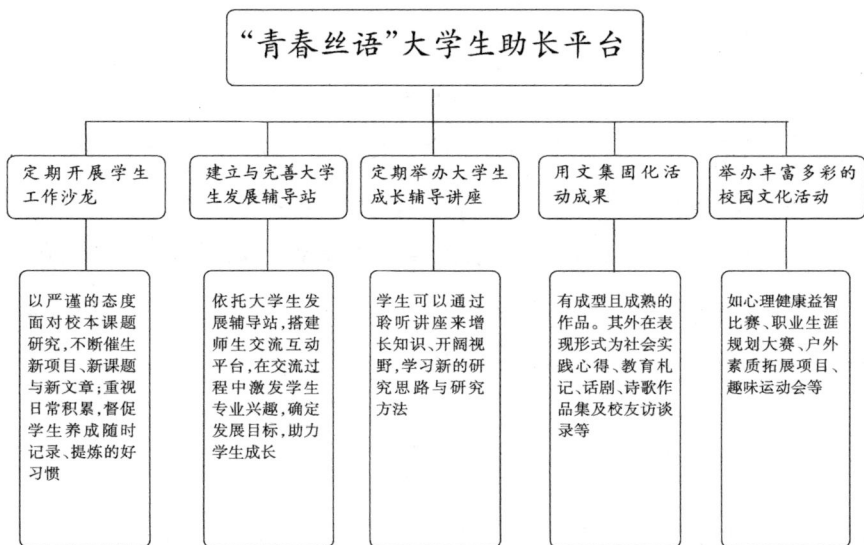

图3 "青春丝语"大学生助长平台

13

三、大学生助学平台建设情况概述

安徽师范大学文学院在不断探索实践中，形成紧扣专业特色，提升学生专业素养的助学平台。

（一）学海导航

作为文学院创新人才培养的重要举措，"学海导航"旨在开阔学生的学术视野，培养学生的创新精神，提升学生的科研能力。邀请国内外知名专家、学者来到学院进行专题学术报告。"学海导航"系列讲座现已成功举办193讲，中国当代作家、国家文化部原部长、中国作协名誉副主席王蒙，国家图书馆原党委书记、馆长詹福瑞等百余位专家学者来院讲学，与文学院学子一起交流学术问题，极大地提高了学生的分析能力，增强了人文素养。

（二）名师导教

"名师导教"是实施"卓越语文教师培养计划"、加强学生第二课堂建设的创新项目，目的在于使学生通过与一线语文名师零距离接触，了解中学课改的最新进展，提高师范生教学基本技能。讲座自开设以来，邀请了铜陵一中校长王屹宇、马鞍山二中校长郭惠宇、河南省特级教师刘丽霞等中学特级名师、语文教研员先后来到文学院为学子们传道授业，现已成功举办24讲，并取得良好效果。

（三）与作家面对面

"与作家面对面"系列讲座是着眼于激发学生的创作热情、提高其写作能力而开设的专业型讲座。文学院邀请了国内外知名作家与广大学子面对面交流，营造高雅的学院文化氛围，为繁荣校园文化贡献力量。自讲座开设以来，现已成功举办13讲，安徽省作协主席许春樵，中国当代先锋小说代表作家、著名编剧和导演潘军等知名作家来到学院，为学生答疑解惑，深受学生喜爱。

（四）实务专家

"实务专家"是为加大秘书学专业建设力度而打造的系列讲座，旨在通过邀请有实干经验的专家对同学们进行专业指导，帮助同学们拓展理论知识、开阔社会视野，为未来职业发展奠定基础，至今已成功举办11讲。曾邀请长春理工大学教授、中国应用写作研究会副会长董宇，复旦大学博士、上海大学期刊社副社长、《秘书》杂志主编赵毅等专家来院讲学，他们以工作中积累的典型案例及其丰富经验指导、教诲学子。（文中数据截至2019年12月）

四、校园文化品牌活动项目情况概述

（一）文化品牌创建

文学院立足自身特色，结合新生开学典礼、毕业生文明离校等工作精心打造"我们的"系列文化品牌，形成了"我们的大学"新生入学教育、"我们的时光"迎新生·迎新年晚会、"我们的荣耀"文学院90周年院庆、"我们的青春"欢送毕业生晚会等专属文化品牌（见图4）。

图4 校园文化品牌

（二）校园诗歌创作与朗诵

作为文学院校园文化品牌活动项目，校园诗歌创作与朗诵以欢送毕业生晚会为依托，分为诗歌创作与诗歌朗诵两个部分，每两年举办一次，学生参与度高达70%。许多学生优秀诗歌作品见诸国家级、省级报纸杂志，多个朗诵作品在"讯飞杯"全省大学生诗文朗诵等大赛中斩获佳绩。《七月，行将离别》《越人歌》等经典朗诵篇目在师生中广为传颂，体现了文学院深厚的诗学文化底蕴。

（三）校园话剧创作与汇演

校园话剧创作与汇演是文学院的传统文化品牌活动，自1978年首次举办，依托于毕业生晚会，每两年举办一次，至今已举办十八届。文学院以话剧丰富学生的校园文化生活为目的，为学生展示风采搭建广阔平台。该项目分话剧创作和话剧汇演两个部分。原创话剧剧本多次荣获省市级奖项，多个话剧表演作品在省大学生科技文化艺术节、省大学生艺术展演、省大学生自创话剧展演等大赛中荣获佳绩。2012年至今，文学院学生三次参加"青春·理想"安徽省大学生自创话剧展演，获一等奖两次、二等奖一次；2015年，文学院推送话剧《苏生》，在校首届"青春心语"校园心理剧汇演暨"5·25"心理健康月主题晚会上斩获金奖第一名。

（四）迎新生·迎新年学生汇报演出

"迎新生·迎新年"学生汇报演出旨在举办格调高雅的校园文化活动，以达到以文化人、以文育人的德育效果，培养学生的民族自信、文化自信。从2016年、2017年的"乐鼓承汉韵，新岁启华章"汉文化主题晚会到2018年"我们的时光"文艺晚会，匠心独运，展现学子青春风采。文学院秉承"厚重朴实、至善致远、追求卓越、自强不息"的师大精神、传承"文以载道，学以化人"的学院传统，通过"双迎"晚会将爱校荣院的观念根植于学生心中，教育引导莘莘学子不忘初心，肩负新使命。

(五)寝室文化节活动

文学院历来重视文明寝室、和谐社区创建工作，着力打造平安校园，为学生成长营造良好氛围。寝室文化节系列活动是创建和谐校园、构建良好人际关系的重要载体，包括寝室歌手大赛、新生寝室设计大赛、绿色盆栽置换、寝室创意秀等活动，有利于形成文明风尚，展现学生蓬勃的青春风采，丰富校园文化生活。

(六)体育文化年活动

文学院立足于学院文化建设要求，积极响应阳光体育号召，致力服务学院广大师生，丰富师生体育生活，提高师生身体素质，为宣传运动文化、建设体育文明助力。组织院级篮球、羽毛球、排球等赛事，举办趣味运动会，在精彩活动中展现德智体美劳成果。创立"铿锵玫瑰"女子拔河队（见图5），磨砺"追梦无畏"的拔河队精神品质，历届学生接续传承，蝉联学校"铿锵玫瑰"女子拔河比赛6连冠。

图5 文学院"铿锵玫瑰"女子拔河队

（七）传统文化进校园活动

文学院历来高度重视以文化人，传统文化育人成果显著。学院依托中国诗学研究中心、中华传统文化研究院等重要平台，有效整合创新资源，鼓励支持学生参加各项竞赛，引导学生继承优秀传统文化；突出汉语桥协会、德雅书苑、太阳话剧社、江南诗社等一批彰显传统文化社团的自我教育功能；组织举办诗词大赛、汉文化巡演、国学经典晨读等活动，发挥"第二课堂"育人作用，提升学生国学素养，增强文化自信。

同时，文学院注重引领学生成为优秀传统文化的建设者、传播者、弘扬者，将传统文化融入暑期社会实践的课堂（见图6），带到乡村山区、扶贫一线：赴安庆北中"文化创想"实践团队、赴云南哀牢山"开窗明路"爱心支教团队把古诗词、剪纸、脸谱等传统文化带到偏远地区，赴阜阳"青春孝行"实践队伍把孝道文化的种子播撒到扶贫一线。（文中数据截至2019年12月）

图6 传统文化进校园活动剪影

五、专业素质拓展精品项目情况概述

专业技能培养方面，学院注重建设专业对口社团、打造社团精品活动。培育和发展汉语言文学（师范）专业"师范生技能培养工程"（对接学生社团：五四爱心学校、赭麓书画社）、汉语言文学（应用）专业"玩转汉语言"（对接学生社团：赭麓书画社、太阳话剧社）、汉语国际教育专业"带你读懂中国"（对接学生社团：汉语桥协会、德雅书苑）、秘书学专业"秘书实务调研（国际秘书节）"（对接学生社团：江淮秘书社）、戏剧影视文学专业"传统戏剧进校园"（对接学生社团：太阳话剧社）等素质拓展平台，形成"专业—社团—平台—学生"互联互动、协同发展的良好局面。获批8个校本科生素质拓展精品项目。据不完全统计，2012年以来，获得省级及以上专业技能比赛奖项达800余人次。

（一）汉语言文学（师范）：师范生技能培养工程

学院重视师范生技能的培养与训练，通过建设师范生技能培养工程，创新教师教育人才培养模式。夯实基础，丰富教育教学资源；拓宽视野，提升第二课堂内涵；强化能力，构建实践教学体系。

汉语言文学（师范）专业结合自身特色，开展了一系列师范生技能培养活动，如三字练习、普通话练习、无生试讲、说课比赛、读书分享会、师范生技能交流会等。举办师范生教学技能大赛，强化师范生专业技能，提高学生的教育教学能力和就业竞争力。2012级汉语言文学专业施瑶和李雅雯、2013级卓越语文教师实验班张黎及2014级汉语言文学专业谢思源等同学先后在全国师范院校师范生教学技能竞赛中获得语文组一等奖（最高奖）和二等奖。

（二）汉语言文学(应用)：玩转汉语言

汉语言文学（应用）专业坚持打造文化服务类特色活动，搭建育人平台，助力学生成长成才，探索实施以"文案企划、材料编制、办公事务、教育传播"为主要内容的实习框架，强化文化服务能力的应用及提升。建设"玩转汉语言"教学技能培养工程，使同学们深刻感受文学魅力，极大地激发了同学们的学习兴趣。

（三）汉语国际教育：带你读懂中国

汉语国际教育专业通过举办"汉语国际教学技能大赛""国际汉语教师职业知识竞赛"和"汉荟外教成长营"等活动，提升学生专业技能，助力对外汉语教学技能培养工程顺利实施；对接专业特色社团"汉语桥协会"，举办"汉文化魅力巡演""传统文化教育"和"孔子学院日"等多项活动，引发校内外广泛关注；由专业教师牵头，参与"传播汉语"微信公众号的运营，及时推送学术沙龙讲座、汉语志愿者招募、汉语国际教育专业考研等相关信息，强调专业知识学习和专业素养提升，引导学生有效把握当下、规划未来。

（四）秘书学：秘书实务调研(国际秘书节)

作为秘书学专业多元实践的有效载体，"秘书之星"大赛通过考核评选，选树优秀榜样，激励学子向着成为"张口能说""提笔能写""遇事能谋""干事能成"的优秀秘书人的目标不断迈进。学院通过发文表彰、颁奖典礼、微信展播等形式宣传典型，引导青年学子励志勤学，推动建设高水平秘书学专业。

（五）戏剧影视文学：传统戏剧进校园

自2017年2月起，作为"教学管一体化"运行机制的辅助措施之一，学院制订了"项目制指导"方案，在2016级戏剧影视文学班级试行。建立"昆曲与传统文化""话剧艺术""电影艺术""电视与大众文化""戏剧影视评论"5个项目组，每组由一位专业教师担任指导员，以生为本，以点带面，加深师生感情交流，精准提升学生专业素养，培养优秀人才。2017年暑假，该专业组建了两支团队开展调研实践活动——一支是"海豚卫视，戏影同行"专业调研团队，赴安徽金海豚传媒有限责任公司学习观摩影视节目制作流程，并就影视制作与市场需求进行调研。另一支是由专业教师和学生组成的"游学苏昆"专业学习团队，赴苏州调研民俗风情与昆曲文化普及情况，同时在苏州昆剧院进行专业实践，学习昆曲演出流程，体验剧务，向优秀演员学习昆曲舞台妆容、身段表演、名曲演唱等。

（文中数据截至2019年12月）

六、就业创业教育情况概述

　　高校毕业生是国家推进大众创业、万众创新，实施创新驱动发展战略的生力军。大学生就业创业是教育领域重要的民生工程，深化高等学校创新创业教育改革，是促进经济提质增效升级的迫切需要，是推进高校毕业生高质量创业就业的必要手段，也是推进高等教育综合改革的重要举措。

　　进入21世纪第二个十年，我国高等教育在经过普遍的规模扩张后，开始应对并重视内涵建设。提高人才培养的质量，提升就业创业教育的水平，确保大学生就业数量、质量不滑坡，成为高等教育面临的重要任务和使命担当。近年来，大学生就业创业形势严峻，面临质量下滑的态势，主要表现为：一方面，顶层设计不够清晰，为就业率而抓就业，重数量、轻质量的现象在一些高校不同程度存在。另一方面，部分毕业生就业创业意识不强、动力不足、能力不够，盲目就业、慢就业，甚至被动就业、不就业的现象呈日趋上升的势头。"加强就业创业教育和就业指导服务"成为社会共识。党和政府历来重视就业工作，把大学生就业工作提升到战略高度进行部署和推进。近年来，无论是国务院出台的促进就业创业政策文件，还是教育部每年召开的毕业生就业创业工作网络视频会议，无一例外地都提到了提高就业创业质量、提升就业创业服务水平，足见高校就业创业教育受到了前所未有的重视和关注。大学生就业创业教育是综合工程、系统工程，涉及人才培养、高校治理、后勤保障的方方面面，这就要求高校必须准确把握就业创业教育坚持质量导向的深刻内涵，构建全面深化就业创业内涵建设的科学体系，坚持走基于质量导向的发展型就业创业教育之路。

（一）准确把握就业创业教育质量导向的深刻内涵

党的十九大报告提出："就业是最大的民生。要坚持就业优先战略和积极就业政策，实现更高质量和更充分就业。"准确把握好质量导向的深刻内涵，是新时代推进高校就业创业教育的根本前提。

1.提高毕业生的合需求度。

将就业创业教育纳入人才培养体系，通过提高人才培养质量从根本上解决毕业生的供需平衡问题。就专业而言，在经过四年一次完整的培养周期后，应结合人才培养方案的实施情况，对方案内容加以修订。新修订方案要更加凸显就业和社会需求的导向作用，以培养学生的综合素质、实践技能和创新能力为目标，注重学生个性发展和全面提高，按照"基础厚、素质高、能力强、口径宽"的人才培养目标，突出专业分类建设，强化学生的实践创新能力培养。立足专业特色和学科优势，立足"第一课堂"课程育人阵地，丰富"第二课堂"文化育人空间，开发"第三课堂"实践育人平台，强化"第四课堂"网络育人功能，"四个课堂"有效联动，提升学生专业技能、综合素质和创新创业能力。

2.提高毕业生的社会适应度。

专业的内涵建设，除了遵循自身的特性外，还需要兼顾培养的人才能否适应经济社会发展的需求，这也是专业生命力的一种表征。课程建构是专业建设的基础和支撑，也是决定人才培养质量的基本单元。提高毕业生的社会适应度，需要在专业建设的适应度上下功夫。通过优化课程体系，打造精品课程，加强"特优强"专业建设，实施专业评估、本科教学审核评估、学科评估等措施，强化专业内涵建

我们的青春——安徽师范大学文学院学生思想政治工作巡礼（2012—2019）

设，提升专业品质与特色，拓宽专业口径。有效发挥学科平台对专业建设、人才培养的重要作用，延伸本科人才培养的发展空间。

3.提高毕业生的贡献度。

人才培养是大学的根本任务。在全面建成小康社会、共筑"中国梦"的伟大征程中，当下的高等教育不仅要全面深化综合改革，强化自身内涵建设，从而更好地适应经济社会发展，深度融入社会进步体系，还要通过自身鲜活、强大的创新能力，培养高质量的人才，进而促进社会发展进步。作为最具创新活力的场所，无论是综合性大学还是地方高校，都应该发挥自己的学科优势和专业特色，立足地方、辐射全国、放眼全球，着眼于经济、社会、文化、人才等领域，起到服务引领作用。在服务中求支持，贡献中谋发展，高校获得更多社会资源的支持，推进高校与行业企业全过程协同育人，如共建人才培养基地、实习实践基地等，提高毕业生的贡献度。

(二)构建全面深化就业创业内涵建设的科学体系

坚持"能力决定就业机会，素质影响就业质量"的理念，构建全面深化就业创业内涵建设的科学体系。从专业知识到实践技能，狠抓就业创业能力的培养和提升；从规划设计到具体实施，重视就业创业教育的针对性和实效性；从规范管理到贴心服务，确保就业创业工作的质量保障和安全稳定。

1.立足全程化，精准发力，促进学生就业创业能力快速养成。

"创新创业教育要面向全体学生，融入人才培养全过程。"坚持全程化培养，而不能局限于毕业季的"一锤子买卖"。将高质量的就业作为人才培养质量和社会服务的重要衡量标准。秉持就业创业教育教师引导、学生参与、共同探索的"师生共同体"模式，将知识传授、能力培养和素质提升融为一体，提高毕业生的就业竞争力。

（1）优化设计，系统设置就业创业新课程。

在国家强调经济转型发展的大背景下，当下的高等教育提供的产品和服务，已不能仅停留在符合社会需求、岗位需要的层面，而是要在对接社会发展的同时，引领、促进社会进步。"加强就业指导服务，加快就业指导服务机构建设，完善职业发展和就业指导课程体系。"开展就业创业教育，要主动呼应经济社会发展需求，注重教育实习实训基地和就业市场的培育。实地走访、调研就业市场，回访毕业生发展情况。组织召开就业单位招聘洽谈会，开展毕业生满意度调研，共同研判就业形势，反馈调整人才培养方案。内外结合，协同推进，在双向交流合作中加强专业建设，总结、创新人才培养举措，规范课程调整优化环节，注重拓展实习实训、文化传承创新和社会服务等方向的实践课程，完善"就业导向型课程体系"，为学生就业创业奠定坚实的专业基础。

（2）强化技能，全面呼应学生成长新需求。

准确把握学生就业创业能力养成的科学性和规律性，一年级加强生涯规划教育，注重了解专业、职业，认知自我；二年级加强专业发展规划教育，注重拓展自身专业素质、职业素养；三年级加强创新创业能力教育，注重培养创新思维、创业意识；四年级加强职业发展教育，注重强化个性化指导，养成职业能力，完成角色转变。如利用汉语言文学的专业特点，开办"学海导航""名师导教""与作家面对面"等助学平台，面向毕业生系统设计、精心安排就业能力提升讲座、考研辅导、教学技能培训、写作技巧训练等。开展"师范生技能培养工程"系列活动，人人配发小黑板、字帖、练字本，组织普通话测试员、书法老师、教学法老师，开展普通话强化培训、三字书写过关、教案课件制作等实践环节操作，将知识传授、能力培养和素质提升融为一体，助力学生提高就业技能，提升核心竞争力。借助国培项

我们的青春

安徽师范大学文学院学生
思想政治工作巡礼(2012—2019)

目培训、中小学教师培训资质的优势，安排学生参与国培专家讲学活动，组织国培学员、中学语文教师和学生开展面对面交流、一对一讲学，手把手进行教学技能过关指导，让学生在和名师互动中感受职业魅力，提升自身职业技能。

（3）突出实践，主动适应就业市场新变化。

将实践育人工作与就业创业教育深度融合，让学生在社会实践中了解社会、感悟职业、认知自我。结合学生实践平台，激发原创作品设计，创新阅读教学，充分利用爱心家教、国学宣讲、传统文化调研等专业实践活动，帮助学生在实践中检验自身专业操作能力。发挥学生社团的平台功能，联合地方政府机构，在学校周边社区建立"爱心课堂"，号召、引导大学生志愿者利用双休日、寒暑假深入社区为城市留守儿童和家境贫寒学子无偿提供作业辅导、文化课程、心灵陪护等。通过这种实践模式，学生一方面弘扬了志愿服务精神，践行了社会主义核心价值观，另一方面锻炼了自身教学技能、职业能力。志愿服务常态化结合就业创业教育的模式，有利于带动多专业学生志愿者的参与，服务贫困学子的同时也提升了志愿者自身的就业技能，并催生教育培训类创业项目。

2.立足全员化，精准发力学生就业创业科学指导。

（1）就业指导"实"，"校内+校外"多层次推动。

立足校内，全员参与，分工负责，抓就业市场开拓、就业工作调研，研究解决专业建设、素质拓展、考研及就业心理等问题；学科点和专业负责人为毕业生作考研备考、复试和调剂辅导，及时提供帮助；一线教师通过课程群辅导室，每天排班现场为学生释疑解惑；辅导员全程指导学生就业与职业生涯规划，引导学生提高求职技能。放眼校外，组织举办就业能力提升、出国准备等专场讲座；邀请往届校友开展考研、就业经验交流，加入"在线就业群"，实现"线上线下"

联动指导；邀请知名校友出席毕业典礼，分享人生体验和感悟，勉励毕业生怀着重新学习的心态认识自己、发现问题、热爱生活。

（2）就业服务"宽"，"专场+专业"多途径拓展。

就业创业服务要秉持"请进来、走出去"的理念，双向服务招聘单位和毕业生。对内强调"请进来"，邀请用人单位举办专场招聘会、专业招聘集市。对外强调"走出去"，主动开拓就业市场，共建长期实习就业基地，拓展海外就业市场，促进大学生海外就业创业。

（3）分类指导"专"，"类别+专项"个性化帮扶。

根据学生就业意向，分类建立"就业群""推免群""考研群""考公群"等信息分享平台，实时推送就业信息和就业辅导。深入摸底排查，建立"双困生"信息库，发放求职补贴，开展专项招聘，减轻毕业生求职压力。广泛宣传"特岗计划""西部计划""选调生"等就业政策，组织开展专门辅导。深入发动已就业学生，"以熟带生"，一对一做好就业创业帮扶。

3.立足全方位，精准发力就业创业教育综合保障。

（1）抓实就业谋划，三级工作机制协调推进。

成立"就业工作领导小组"，落实"一把手"工程，党政领导全面统筹就业工作；组建"就业工作指导小组"，有效发挥课程群辅导室的功能，一线教师全力推进就业；组成"就业工作帮扶小组"，发挥学生党员骨干模范作用，尽心服务学生需求。制定就业工作方案，健全就业工作例会、就业信息发布和就业评估奖惩等制度体系，三级工作机制有效联动。

（2）强化过程管理，构建就业保障多维体系。

细化就业经费，盘活资源，多方投入，整合就业创业专项经费，用于基地建设、市场开拓、质量跟踪、声誉调查和就业服务工作。细化分类管理，建立区别化的管理小组和跟进机制，实现资源随时共享、管理快速便捷。建立毕业班信息员制度，形成"信息员—宿舍—个人"信息链，定期收集、通知与所联系同学匹配的就业信息，及时反馈就业动态。

（3）注重教育引导，关注就业过程与心理。

以学生成长成才为中心，关注学生心理健康，强化人文关怀。建设二级心理辅导站，开设专栏，定期开展辅导讲座，关心毕业生心理健康。针对学生的多元需求，辅导员定期开展心理辅导项目，通过短信、信件、面对面沟通、网上交流等方式，走进学生内心，开展个性化辅导。建立党员联系群众制度，成立"党员助力小组"，发挥学生党员示范引领作用，每个党员联系3至5名同学，定期汇报思想动态、就业状况等问题，及时帮助和疏导，促进学生思想稳定，推进学生积极就业，推动班级有效管理。

（4）倡导文明离校，让学生提升专业幸福感。

制定毕业生文明离校方案等，加强毕业生的严格管理。面向毕业生"倡文明离校，寄母校情怀"，举办毕业典礼暨学位授予仪式，举行校友联络员聘任仪式，召开欢送毕业生专场晚会，举办师生告别篮球赛，印发含校院标识的毕业纪念品……暖心教育让毕业生在浓浓温情中带着使命与情怀，去品味人生的精彩。

（三）打造发展型就业创业教育

大学生就业创业教育不但关联人才培养、专业建设，而且需要跟踪对接经济社会发展。做好就业创业教育要求我们不断更新观念，创新方法，紧随时代发展步伐。当前社会进入大众创业、万众创新的新时代，大学生就业创业教育迎来新的态势，打造发展型就业创业教育成为一种不断追求更好状态的过程。

1.树立大创业观。

党的十九大报告提出："大规模开展职业技能培训，注重解决结构性就业矛盾，鼓励创业带动就业。"呼应新时代新要求，高校需要对人才培养的定位相应进行调整，那就是不再仅注重培养就业岗位的竞争者，更要有意识地培养就业岗位的创造者，即兼具创新意识和创业能力的新型大学毕业生。

一是加强创业型就业教育。注重"创业教育科学化、制度化、规范化建设"，增强创业教育的针对性和实效性。如，基于越来越多的毕业生进入教育培训机构的现象，我们应注重在日常的师范生技能培养中，与教育培训品牌机构紧密合作，深度调研市场需求，增设讲座课程，将市场招聘有效前移，有意识地培养创业机构的管培生。与品牌教育机构建立长期合作关系，共建实习实践就业基地，在吸收毕业生加盟创业的同时，孵化创业项目、创业者。

二是加强创新型就业教育。创新驱动就业，创新意识的教育是促进创新型就业的关键。通过各方合力使创新创业成为管理者办学、教师教学、学生求学的理性认知与行动自觉。高度重视学生创新思维的培养，长期坚持开展原创作品大赛、职业规划大赛、创新创业大赛；投入专项经费，开展"大学生创新创业训练计划""本科论文大赛""学年论文""论文培育计划"；发挥学生助长平台的创新功能，举办创新类讲座。

三是加强创造型就业教育。引导青年大学生在创造就业岗位的同时，为社会创造财富，融入奋进全面建成小康社会的伟大征程。要引导学生树立梦想从学习开始、事业靠本领成就的观念，要鼓励高校学生把视线投向国家发展的航程，把汗水洒在艰苦创业的舞台，到基层去、到西部去、到祖国最需要的地方去，做成一番事业，做好一番事业。倡导和鼓励大学生积极创业，发挥专业优势，投身教育培训、文化传媒、创意策划等行业领域；引导和鼓励毕业生立足平凡岗位建功立业，反哺家乡的建设发展；鼓励和支持毕业生到基层就业，到祖国最需要的地方贡献自己的聪明才智，推动当地的教育、民生和社会发展。

2.瞄准传统文化学习传承这个新市场，培养更多专业加文化类人才。

文化传承与创新是高校的重要使命。党的十九大报告提出："坚定文化自信，推动社会主义文化繁荣兴盛。""没有高度的文化自信，没有文化的繁荣兴盛，就没有中华民族伟大复兴。要坚持中国特色社会主义文化发展道路，激发全民族文化创新创造活力，建设社会主义文化强国。"对中华优秀传统文化的学习和传承，是历史和时代赋予当代中国大学教育的双重使命。立足文化传承与创新的使命，结合专业特点，发挥专业优势，着力培养学生的文化素养，引导和激励学生投身文化产业的创新创业。整合专业资源，组建诸如"中华传统文化研究院"等协同创新中心，加强对中华优秀传统文化的学习传承创新；鼓励学生成立传统文化类大学生社团，开展经典诵读、书画研习、非遗文化进高校等活动；跨校组建大学生国学联盟，联合高校大学生国学社团开展传统文化主题活动。立足高校园区，辐射校园内外，支持创意转创业，实现创业带动就业。

3.着眼未来，立足卓越人才培养计划为社会输送引领型人才。

瞄准"六卓越一拔尖"人才计划，围绕培养德学兼修的各类高素质人才做大文章。在学科布局和专业建设上，聚焦国家经济社会发展需要，衔接学校办学定位，契合学校办学特色，统筹好一流大学、一流学科、一流专业和卓越人才的培养。在"六卓越一拔尖"的战略指引下，优化专业结构，加强课程体系建设，深化教学内容改革，提高导向引领、课堂教学、管理运行的质量，切实做好"卓越人才培养"的命题文章。专业在自身建设的同时，要作为地方行业发展的助推剂、孵化器，推动和引领行业技术创新，在培养环节上坚持不懈走内涵发展道路，基于质量导向，通过强化创新创业教育，着力于行业领域技术人才的储备。创新卓越人才培养方式，培育"卓越人才教育培养计划""卓越人才培养改革项目"，开办"卓越人才实验班"，单独招生（遴选）、小班教学，单列人才培养方案，精英化教育培养，着力培养毕业生的创新创业能力，以期在服务基础行业领域改革发展方面，发挥独特优势和作用。

第二篇章　　聚是一团火　散为满天星

当代中国青年是与新时代同向同行、共同前进的一代，生逢盛世，肩负重任。

——习近平 2021 年 4 月 19 日《在清华大学考察时的重要讲话》

一、学生组织建设情况概述

（一）学生组织内部架构与模式

在文学院党委领导、团委指导下，文学院逐步落实"一心双环"的学生组织新格局。紧紧围绕"自我教育、自我管理、自我服务、自我监督"的理念，文学院学生组织优化管理，联合学生成长的多个平台，打造倾情倾力、守护成长的学生组织。

学生会下设综合事务中心、生活服务中心、媒体中心、艺术中心，依托教育部中国大学生在线安徽师范大学通讯站和中国青年网安徽师范大学通讯站两大重要外宣平台，锻炼学生能力、传播校园好声音，设立文学院社团联合会统筹服务学院七大社团。"两站四中心一社联"探索学生组织成长新模式，切实建立"团委、主席团（理事会）、部门"三级联动的工作格局（见图7）。

2019年，响应学生组织架构精简号召，将学生会和社团联合会合并，学生会由15个部门精简至10个部门，学院团委、学生会学生干部人数控制在80人以内。2020年，为深入贯彻习近平新时代中国特色社会主义思想特别是习近平总书记关于青年工作的重要思想，落实中央和省委党的群团工作会议精神、全国和全省高校思想政治工作会议精神，进一步推进我校学生会组织改革创新，学校发布《安徽师范大学学生会改革实施方案》，文学院按照方案要求，进一步明确部门职责，学生组织遵循按需设置、合理优化、精简高效的原则设置。文后附《安徽师范大学文学院学生组织架构调整方案》。

具体设置情况如下：学院团委书记1人，副书记3人（1名教师，2名学生），另设宣传委员、组织委员、文艺委员3人。团委设4个部门，共45人，其中实践公益部7人，主要负责志愿服务、社会实践和社团对接；组织素拓部8人，主要负责基础团务、素质拓展；综合部15人，包含文艺活动、文衣工作坊、礼仪及舞蹈队对接等；宣传部15人，包含新闻、新媒体、技术三个小组。

文学院学生会主席团3人，设置4个部门，共27人，其中办公室6人，主要负责日常管理等工作；学习部7人，主要负责学风创建、评优评先等工作；生活权益部7人，主要负责权益维护、心理健康等工作；体育部7人，主要负责运动会等相关体育活动。

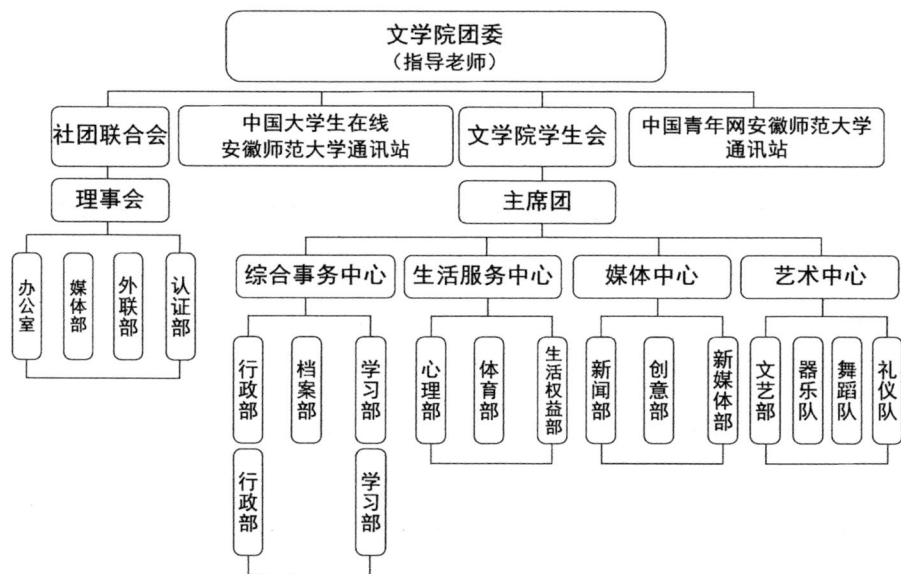

图7　文学院学生组织内部架构

附：安徽师范大学文学院学生组织架构调整方案

一、团委调整方案

（一）学院团委委员（7人）。

1.团委书记及兼职团委副书记（共4人，其中专职团委书记1人，教师兼职副书记1人，学生兼职副书记2人，本科生兼职团委副书记可兼任学生会主席）。

（1）全面负责学院共青团工作；

（2）负责按照学校共青团工作规划制定学院工作计划，并组织实施和做好工作总结；

（3）主持召开团委全委会及班子会，研究部署重要工作；

（4）负责统筹谋划学院团组织建设，主持召开团支部书记例会；

（5）负责"一心双环"团学组织格局建设，指导学院学生会、研究生会、挂靠学生社团日常工作，推进团学骨干培养；

（6）负责了解团员青年的思想动态情况，统筹谋划主题教育；

（7）负责推进"第二课堂成绩单"制度的落实，组织团员青年开展精神文明建设、科技创新、文艺体育、志愿服务、社会实践等活动。

2.组织委员（学生1人）。

（1）负责推进团支部标准化、规范化建设，将"三会两制一课"制度落实到团支部，开展团支部工作考核，评选推荐优秀团支部，做好对不达标团支部的处理；

（2）负责团员团干部队伍建设，开展团员团干部民主评议，评选推荐优秀团员团干部，协助做好对违纪团员团干部的处理；

（3）负责组织开展学院团委主题团日活动、组织生活会等，指导团支部开展有关工作，做好学院"智慧团建"系统管理、学院新生团建和毕业生团组织关系转移，收缴与管理学院团费等工作；

（4）负责开展青年马克思主义者培养，抓好学院团学骨干培养锻炼，做好学院团校日常工作，向校级团学骨干培训班等推荐学员，做好团员发展和推荐本院优秀团员成为入党积极分子工作；

（5）负责"第二课堂成绩单"制度在学院的落实，规划指导学院"第二课堂"活动课程，负责学生"第二课堂"素质拓展学分的审核、预警和汇总归档工作，组织开展大学生社会实践活动。

3.宣传委员（学生1人）。

（1）负责以习近平新时代中国特色社会主义思想武装青年头脑，在学院团组织中深入开展主题宣传教育实践活动；

（2）负责抓好学院团学组织所辖刊物、宣传栏等平台的建设和管理，打造宣传阵地，扩大工作影响；

（3）负责学院团委新媒体平台的宣传工作，动态掌握网络舆情，及时反馈，做好方向引领；

（4）负责抓好学院团学组织所辖微信、微博等线上平台的建设和管理，充分利用第四课堂网络育人的平台，做好思想引领和典型树立。

4.文艺委员（学生1人）。

（1）具体负责学院团委的文艺工作，组织团员青年积极参加各项文艺活动；

（2）逢重大节日、庆祝活动，组织文艺演出，丰富学院师生生活；

（3）负责学院大学生艺术展演、双迎晚会、毕业生晚会等统筹工作；

（4）负责学院文衣工作坊项目的日常运行、指导学院舞蹈队开展日常工作。

（二）团委下设部门。

1.实践公益部（7人，设部长1-2人，由组织委员主要负责）。

（1）对外联系学院活动的赞助，对内联系院内七大社团，做好沟通引导，保证活动高质量完成；

（2）组织开展每年的职业规划大赛，冬夏两场跳蚤市场等活动；

（3）组织开展每年的暑期社会实践活动申请、认证、论证、评比、档案收集等工作，协助院团委完成优秀实践团队和优秀单位的申报工作。

2.组织素拓部（8人，设部长2人，由组织委员主要负责）。

（1）熟悉掌握全院团组织的基本情况，做好智慧团建等团员管理工作，做好组织工作的各种数据统计和材料收集工作，并协助做好评优评先工作；

（2）负责各班团支部团费收缴、团员证的注册及团员档案管理等工作及每期薪火团校的组织协调，大学生素质拓展计划的宣传推广与实施；

（3）统筹素质拓展活动项目的申报和发布等工作，负责学生课程学分表的申报、确认、修改，监督各班素质拓展工作完成情况。

3.综合部（15人，设部长3人，由文艺委员主要负责）。

部长3人分别对应整体统筹、礼仪及文衣工作坊的管理、舞蹈队的管理。

（1）负责策划组织学院各项文娱活动以及编排和组织各类大型文艺汇演，统筹组织或协调各类文娱比赛，丰富学生课余生活；

（2）负责讲座、会议等活动的迎宾、送宾，比赛等活动的颁奖；

（3）管理文衣工作坊，负责对文学院化妆品进行统一采购管理好音响器材等设备；

（4）指导学院舞蹈队开展相关工作，管理文学院舞蹈房。

4.宣传部（15人，设部长3人，由宣传委员主要负责）。

下设三个小组，分别由一位部长对接，主要负责学院宣传工作。

（1）负责及时准确报道学院重大事件、学术动态、特色活动情况，配合学院做好新闻采编工作，对学院各项活动的图片进行处理及留存；

（2）负责文学院官方微信公众号（安徽师大文学院）、文学院官方微博（@安师大文学院团委）及官方QQ(安徽师范大学文学院)的运营和推送；

（3）围绕学院的中心工作，定期更新文学院橱窗内容，负责学院相关活动的设计工作，如学院晚会相关幕布视频、活动海报、宣传展板等。

二、学生会调整方案

（一）主席团设置。

主席团成员共有三人，一正两副，不再实行中心制，主席团职责如下：

1. 对学生组织全面协调管理，安排重大活动及主要工作，传达校、院指导意见，定期向院团委进行工作汇报及总结，协助团委做好基础团务、素质拓展等任务；

2. 处理学生组织日常工作，监督管理各部门工作，协调各部门关系，促进各部门互相配合开展工作；

3. 做好思想引领，定期召开学生干部会议，对各部门委员工作情况进行检查总结，起良好的示范引领作用；

4. 明确相关规章制度，妥善实施，总结经验教训，不断完善组织架构。

（二）部门设置。

共设四个部门，办公室和学习部由一位副主席分管，生活权益部和体育部由一位副主席分管。

1. 办公室（共6人，设部长1人）。

（1）落实主席团部署的工作任务，做好上传下达工作；

（2）完成日常事务，包括周报表，主席团例会会议记录及相关活动的会务工作；

（3）负责日常工作的通知、考勤、档案管理等，发挥桥梁作用，增进各部门之间的沟通与交流。

2. 学习部（共7人，设部长2人）。

（1）积极配合学院团委等有关部门组织开展各种学术交流会、讲

我们的青春
——
安徽师范大学文学院学生
思想政治工作巡礼(2012—2019)

座、报告等活动；

（2）负责举办学习经验交流会、课堂笔记评比等学生课外学习活动，推进学风创建工作；

（3）加强与校学生会学习部、其他学院学习部的沟通与联系，统筹读书月等系列活动；

（4）负责选树优秀先进典型，做好榜样引领示范工作。

3.生活权益部（共7人，设部长2人）。

（1）维护学生权益，负责检查学生宿舍卫生及用电安全，做好文明寝室工作；

（2）关注学生心理健康，负责学生思想动态、舆情信息的收集梳理和报送反馈等工作；

（3）负责检查学生宿舍卫生及用电安全，做好文明寝室创建、督导工作。

4.体育部（共7人，设部长2人）。

（1）组织开展学生课外体育活动，进行"阳光体育"的监督和动员工作；

（2）联系学院六大球队，协助学院球队工作并组织联系班、院、校级体育运动相关活动，做好后勤工作；

（3）负责校运动会文学院相关事宜及文学院社区的日常管理。

（二）学生干部的考核与培养

为了强化学生会组织基本职能，规范学生干部的考核与培养体系，文学院团委从深处着力，推荐工作认真、表现优异的学生会成员进入院"薪火团校"暨学生骨干培训班、入党积极分子培训班、校"青马工程"团学干部学习党的重要会议精神专题培训班等进行系统的理论学习与实践锻炼，不断深化学生干部健康成长教育，提升学生骨干的领导力和执行力。

除此之外，文学院学生组织还建立健全学生干部考核培养机制。如每学年初进行公开招新与选拔，公布学生干部名单及联系方式；定期召开主席团例会、中心会议及部门会议，及时布置相关工作；在学期末以部门为单位进行述职报告，总结反思工作中的经验与不足，归档文字材料与活动图片；关心支持学生干部的成长发展，对于同学满意、成绩突出的学生干部，其开展学生工作的表现可作为推荐实习、就业和评优推优的重要参考。

（三）学生组织的内部文化建设

经过对文学院学生组织的改革探索，建设组织文化比较有效的办法就是通过举办、参与各类活动来强化学生会成员的组织信念。如学生会开展了2017级迎新工作，举办"我们的时光"2018文学院迎新生迎新年文艺晚会，参与校第46届运动会等一系列校园文化活动。在这些活动中，学生会成员全员参与、齐心协力，为了实现共同的目标而付出努力，大家各司其职又团结协作。当圆满完成目标时，所获得的成就感是其他任何事情都无法带来的。通过这样的方式，成员在内心深处形成一种"我为人人，人人为我"的服务理念、"踏实、团结、高效"的工作作风和"聚是一团火，散为满天星"的组织信念，从而培养出学生会成员为了集体的更好发展不断进取、不断奉献的热情。

其中，作为文学院学生会组织文化的具体表现形式，"聚是一团火，散为满天星"这句口号深刻体现了文学院学生会的组织理念。成员们齐心协力聚在一起，就是一团熊熊燃烧的火焰，为了完成共同的目标迸发出无穷的激情与能量；散发开去，就是满天闪烁的星辰，在各自的位置上发光发热，熠熠生辉。成员们既能团结一致共同努力，又能各司其职尽心尽力。通过各种集体性的活动，"聚是一团火，散为满天星"的组织信念已深深根植于每个成员心中，增强了整个组织的凝聚力与向心力。

此外，结合春节、中秋节等特殊时间节点，文学院学生组织还会开展新年线上联谊、中秋茶话会等丰富有趣的集体活动。在认真做好工作之余，成员通过参与这样的集体活动来放松身心、增进感情，加强部门内、部门与部门之间的交流与沟通。这种方式同样有利于培养学生会组织成员间的和谐关系，也是加强组织文化建设的一条有效途径。

二、学生社团建设情况概述

文学院现有江南诗社、太阳话剧社、赭麓书画社、汉语桥协会、五四爱心学校、江淮秘书社、德雅书苑共七个学生社团，结合学院和自身特色，各社团通过开展多彩的活动，丰富学生校园文化生活。

（一）赭麓书画社

赭麓书画社成立于1979年，是安徽师范大学最早成立的学生社团，现挂靠文学院团委名下，下设活动部、学习部、会员部、宣传部、财务部五个部门，一直以来坚持"丰富校园文化，发现培养书画人才"的社团服务宗旨，全心全意服务全校师生。在校团委和院团委的正确领导下，在校社联的积极组织与协助下，举办"徽风皖韵"培训班、"两院一社"海报设计大赛、"书画名家进高校"系列讲座、"青葱墨迹"书画比赛等品牌活动，并取得了优秀的成绩：2006年荣获安徽省"优秀学生社团"称号；自2007年起，连续六年获校"十佳社团"称号；2013年"德艺双馨"培训班获校"精品活动"称号；2014年获"优秀社团"称号；2015年获"十佳社团"称号；在芜湖市首届"迎五四"大学生书法展中荣获优秀组织奖。

社员长玲在由共青团中央主办，中国书法家协会、中国美术家协会担任艺术指导部门的第四届中国青少年书法美术大赛中荣获青年组美术优秀奖。社员夏韫华、李亚萍在芜湖市首届"迎五四"大学生书法展中分获一等奖和三等奖。

2017年，协助芜湖青年书法家协会邀请中国书法家协会成员吴前

我们的青春
——
安徽师范大学文学院学生
思想政治工作巡礼（2012—2019）

琪先生开展以"书圣的高度与秘密"为主题的讲座，此活动受到同学们的一致好评，被凤凰网等多家媒体报道。

2018年，协助芜湖青年书法家协会邀请安徽省书画院刘廷龙院长开展以"谈谈中国书画同源"为主题的讲座，活动受到同学们的一致好评，被搜狐网等多家媒体报道。年底，启动纪念赭麓书画社成立四十周年系列活动。

（二）江南诗社

安徽师范大学江南诗社发起于1983年，与北京大学的五四文学社、复旦大学的复旦诗社、吉林大学的赤子心诗社并称为"全国高校四大文学社团"。

三十余年来，江南诗社发展会员2 000多名，培养出如钱叶用、袁超、祝凤鸣、查结联、方文竹、罗巴、常河、徐春芳等二十多位全国著名诗人，出版诗集近百部，发表诗文数千篇。历年编发的诗歌作品多次被全国各大文学刊物转载，部分作品曾发表在《诗刊》《星星诗刊》《飞天》等全国知名刊物上。

历经三十余年成长，诗社已由最初的纯诗歌性社团发展为融诗歌、散文、小说、戏剧、电影、文学评论等多种文学元素于一体的综合性文学社团。诗社在发展过程中，取得了一系列的辉煌成就。

1996年4月，《大学生》在"全国高校文学社团擂台"的活动中率先推出江南诗社，标志着江南诗社开始走入更多人的视野。1996年5月，《飞天——大学生诗苑》整体推出江南诗社15位作者的27首诗，为校园诗发展起到了极大的推动作用。1999年7月，《大学生》推出江南诗社社员韦秀芳个人诗歌专辑。每一个热爱诗歌的人，都在江南诗社登上了更高的展示平台。1999年，江南诗社入选《20世纪最后的合唱——全国高校文学社团大展》。作为全国高校诗歌创作社团的佼佼者，江南诗社用自己的声音，迎接着新世纪的来临。在新千年，江南诗社依旧风采不减。2005 年，江南诗社社刊《冷风景》被《诗歌月刊》评为全国民间 40 种有影响力的诗刊之一。2006 年，《安徽商报》推出"纪念江南诗社"专题。同年，江南诗社被评为安徽师范大学首批六大"精品社团"之一，后多次被评为安徽师范大学"十佳社团"。

岁月变迁，一代代江南诗社人在诗社里看到了诗歌掩埋在玲珑心里的惊艳，擎诗育人、托文载道，安徽师范大学这面文学的旗帜也因为更多江南诗社孩子的热忱，屹立不倒，洌洌生响。

辉煌的成就离不开诗社一代代青年背后的努力与学院的支持，在文学院团委对诗社工作安排、活动开展的指导与支持下，以及文学院杨四平教授和张应中老师对诗社组织建设的关注指导下，诗社始终坚持"育少年英才激扬文字，传国学精粹继往开来"的社团宗旨，不断规范组织管理，完善制度建设，提高会员服务，创新品牌活动，如"色彩的交响"征文朗诵比赛、"诗与真"诗歌知识汇报大赛、"江南诗社杯"诗文创作暨朗诵比赛、北魏对话杨黎诗歌交流活动等。力求发展文化诗韵，打造精品诗性文化成果，引领校园文化风尚。

诗社内部由一个社长、二至三个副社长组成，下设六个部门，分别由六个部长管理。各部门分工明确，各成员各司其职，定期举行部门理事例会，保证社团各项工作以及活动的整体协调和高效运行。另外设有特别诗歌小组——皖鸢小组。皖鸢小组创立于 2010 年 4 月，发展至今。组员以现场诗文即兴创作为考量依据，由诗社编辑部严格选拔，遴选而出。没有案牍劳形，没有学分羁索，是一支充满活力的纯文学性诗歌爱好小组。

为记录诗社成长历程，诗社每年选取优秀作品集成诗刊《江南诗刊》。《江南诗刊》20 世纪 90 年代后期到 2002 年曾一度改名为《冷风景》。多年来，江南诗社一直向全国的诗歌杂志和著名文学社赠送诗刊并交流经验，《江南诗刊》在全国的民间文学刊物中享有很高的知名度。《江南诗刊》不仅承载了社员们一年的成长回忆，铺出了一届人的心路历程，更凝聚了所有江南诗社孩子共同的心愿追求，彰显了诗社三十余年的不衰经典传承和深厚文化底蕴。

江上几人在，天涯孤棹还。何其有幸，悠悠岁月，茫茫人海，齐聚江南诗社：于此，告别匆碌时代；于此，相聚再无孤单；于此，欣然感召信仰；于此，在诗的荫蔽下，风雨兼程，奔赴远方；于此，同历经三十余年风雨的江南诗社一起，见证传统与经典在当下的日渐回归。

（三）汉语桥协会

安徽师范大学汉语桥协会成立于2009年，定位为文学艺术型社团，挂靠单位为安徽师范大学文学院团委，是由校团委领导、院团委指导，本校在校学生（如汉语国际教育专业学生、汉语学习与教学爱好者以及中国传统文化爱好者）自愿参加的学生团体。2013年社团获得"十佳社团"称号；2014年社团在第一届社团业务技能大赛中获得第一名；2016年在第三届社团业务技能大赛中获得第二名。协会成立以来受到了广大同学和老师的关注和喜爱，所举办的活动也由多家媒体转载报道。

协会以"弘扬优秀传统文化，打造中外交流桥梁"为宗旨，主要任务是通过汉文化学习，与留学生交流，提高语言能力，弘扬中华优秀传统文化，促进安徽师范大学的对外交流。

协会设会长一名，统管协会发展，下设有办公室、认证部、财务部、文艺部、活动部、宣传部、留交部七个分部。各部门分工明确，保证社团各项工作进行以及活动开展的整体协调和高效运行。

社团在发展过程中，打造了中国传统知识文化竞赛、中外联谊会、汉语角、汉字成语大赛、华夏德雅经典技艺承袭班等系列品牌活动。

　　其中，中国传统文化知识竞赛，紧跟时代潮流，以新颖方式助力优秀文化传承。帮助现代大学生重温传统经典，感受文化魅力，促进广大青年对优秀传统文化的理解和认识，增强文化自信。中外联谊会，通过丰富多彩的表演和游戏促进外国留学生与中国大学生的友好交流，在加强中外学生交流的同时，进一步展现了中华传统文化之儒雅静美，外国文化之外向奔放，加深了中外文化的交流。汉文化魅力巡演，以"着我汉家衣裳，兴我礼仪之邦"为主题，通过手绘汉服比赛、展板展览、汉服大典等形式，宣传华夏汉文化。汉语角，由普通话流利、英语口语流利和擅于交流的会员、理事与留学生一起沟通交流，在相互交流中增进对彼此的了解，促进彼此的友好交往。

　　协会为同学们带来丰富多彩的课余生活的同时，也积极走出校门投身于社会实践。带领外国友人领略中国传统文化的魅力，内化于心，外修于行，接受国学教育的熏陶，制作"有礼仪之大，谓之夏，有服章之美，谓之华"的汉服。

　　一切的活动，一切的形式都是为了秉持初心。在这个时代，有人专注于目前，也有人着力于连接过去。汉语桥协会始终怀着一颗赤子之心，去做一个连接过去的社团。

（四）五四爱心学校

　　有感于自身成长经历的艰难，2004 年 10 至 11 月，2003 级汉语言文学专业的吴青山、胡鑫等人开始着手创办全市性的首个爱心家教组织——芜湖市五四爱心学校。创办者们原以为这是一件极其简单的事情，然而事与愿违，他们遭受到了社区和家长的信任危机。原来，此前就有其他人去进行这种性质的活动，然而没做几次就放弃了，因此

我们的青春

安徽师范大学文学院学生
思想政治工作巡礼(2012—2019)

这种性质的组织给社区领导留下了一些不好的印象。

在困难和不信任面前，志愿者们承诺："不管刮风下雨，我都不会失约，只要我在大学一天，我就会把爱心学校坚持下去，哪怕最后只剩我一个人。"也就是这样一句承诺，让江城芜湖爱心飞扬。

在吴青山、胡鑫等人的积极努力下，2004年12月11日，五四爱心学校正式成立，吴青山担任首任校长。26名教师，26位学生，一间简陋的社区活动室，首批因经济原因请不起家教的贫困学子开始拥有了一份免费家教、拥有了自己的课外学校。

十几年来，五四爱心学校对周末爱心课堂不断进行创造性改革。基于经验与现状，根据学生的情况量身打造辅导模式，采取一对一式辅导，帮助学生树立健康积极的学习和生活态度；定期举办课外活动，开阔视野，丰富学生的知识储备，启发学生思维，提高学生动手能力；向着三位一体的方向，打造多彩课堂，而不再满足于单纯的知识传授与情感陪伴。

同时，五四爱心学校的志愿者们利用暑期时间继续投身支教事业。2017年夏天，五四爱心学校扎根芜湖，建立以"文化传播信念，支教助梦理想"为主题的爱心支教团队，为留守儿童送去温暖。志愿者们依托专业，学识教育夯基础；七彩课堂，理想教育引方向；扎根实践，爱国教育树信念。五四爱心学校让孩子们畅游在知识的海洋，让志愿者在服务中收获成长。

五四爱心学校还与安徽师范大学赴云南哀牢山"开窗明路"国家级爱心支教团队合作，志愿者与当地的孩子们通过书信方式，畅想未来，共话成长。同时，五四爱心学校赴毛尖山支教团队建立暑期社会实践基地，为志愿服务提供稳定、持续的平台。2017—2018年，五四爱心学校共招募志愿者356人，帮助学生392人，志愿服务总时长累计约19 600小时，服务次数达370余次，募捐图书700余册，善款

2 000余元。

光阴似箭，日月如梭。转眼间，十多年的时光悄然而逝，在学校各级领导的关心和支持下，"五四爱心学校"自创建起带动、吸引了全校几千名大学生志愿者的加入，利用周末、节假日、寒暑假等课余时间为几千位贫困中小学生送去无偿课业辅导，志愿服务从芜湖扩大到全国；志愿服务的内涵开拓创新、与时俱进，持续衍生出五四爱心学校周末爱心课堂、公益道德讲堂、留守儿童情感陪护计划和五四爱心基金4个体系完备的志愿服务子项目，服务内容涉及中小学生课业辅导、心理咨询、美德教育、无偿捐赠等多个方面。

五四爱心学校社团现设行政部、活动部、组宣部、教研部四个部门，各部门各司其职。连续数年获得安徽师范大学"十佳社团""优秀社团"称号。2005年获评"安徽师范大学校园精神文明建设十佳"；2006年获评"芜湖市家庭教育工作先进单位""安徽省青年志愿者先进集体"；2009年五四爱心学校"送文艺进社区演出"活动获校"十佳精品活动"称号；2010年获评"感动江淮先进集体"；2014年获得首届中国青年志愿服务项目大赛银奖；2015年获评"安徽省文明单位创建优秀品牌"；2016年获全国高校最具潜力社团组织评选三等奖、"芜湖市高校精品学生社团"称号。

经过十几年的实践探索，五四爱心学校已建有十几个教学分校、5个留守儿童亲情陪护实践基地和2个大学生感恩教育基地，建立了较为成熟的志愿者选拔、培养培训课程体系，建立健全了较为完备的大学生志愿服务激励机制和志愿服务管理制度，逐步探索出了一条适合高校志愿服务活动发展需要的志愿服务长效机制。

目前，该项目已被《人民日报》、《中国青年报》、中央电视台等媒体关注报道，获得安徽省道德建设项目首批资助。学校的创办者之一吴青山同学也因为坚持荣获"中国青年五四奖章""全国助人为乐好人""全国百佳大学生""优秀青年志愿者"等荣誉称号。

一串串的数字，一届届的五四人，用自己的真心真情，践行"帮助他人、服务社会"的志愿精神，为芜湖市众多贫困家庭的孩子送去了知识，送去了温暖。在未来的支教活动中，五四爱心学校会继续加强学生、志愿者和家长的三方交流与沟通，关注学生成长发展；不断推进组织制度建设，完善社团建制；扩大宣传力度，加强新媒体平台建设；丰富支教形式，创新志愿服务活动，与其他社团共合作、划未来、谋发展。

（五）太阳话剧社

太阳话剧社成立于2004年，挂靠文学院团委，以"传播话剧艺术，丰富校园文化"作为社团宗旨，下设表演部、创作部、财务部、认证部、宣传部、办公部六个部门。社团品牌活动有"话青春"原创剧本大赛、"身临其境"配音大赛、校园演员大赛、话剧汇演、经典话剧观摩、话剧知识讲座、话剧沙龙、会员研读剧本等。

社团曾多次参与文学院话剧汇演暨欢送毕业生晚会以及学校组织开展的各类文艺汇演。社团负责的多部作品如《红黄蓝》等在安徽省"青春·理想"话剧展演中分获省级一、二等奖。2015年社团举办的"话青春"剧本征集大赛的一等奖作品《大先生》在经过进一步的改良后成功登上了2016年文学院话剧汇演暨欢送毕业生晚会，引起强烈反响。

太阳话剧社促进了安徽师范大学大学生原创话剧作品的创作和演出，丰富了大学生精神文化生活，向广大师生展现了话剧的魅力，将话剧文化传播到同学中去，受到了广大同学的喜爱和好评。

在话剧剧本创作大赛中，社团活动面向全校同学，征集相关主题的剧本作品。社团一直坚持原创精神，意在提高同学们对话剧文化的关注与了解，激发同学们的创作灵感。在近几年的话剧剧本创作大赛中，社团收到了几百份剧本作品，囊括各个学院与专业，为接下来活动的举办提供了更大的动力。

在暑期社会实践活动中，社团分别组织了校史艺术创作、赴安庆调研黄梅戏艺术、赴绍兴调研越剧等团队。这些团队紧密贴合了文学院和话剧社的发展方向与校园文化建设的要求，对校史的艺术创作和艺术走进校园发挥了重要的作用，受到了学院领导的重视与支持。

在过去各种活动的举办中，社团经受了许多考验，也积累了丰富的经验。自成立以来，一路风风雨雨，有苦有甜；面对未来，太阳话剧社会竭尽全力，锐意进取，做出更好的成绩。

（六）江淮秘书社

安徽师范大学江淮秘书社是校团委领导下的学生社团之一，由2012级秘书学专业于2013年发起创建。秘书社是致力于秘书学理论学习与实践发展的全校性青年团体，下设办公室、编辑部、实践部、会员部、宣传部等部门。作为一个较为年轻的社团，在成长过程中，秘书社始终坚持以"推广秘书职业理念，发扬秘书学专业"为宗旨，顺应秘书学专业发展趋势，提倡求真务实、学以致用、理论与实践相结合，增强学生职业技能，提高就业竞争力，为校园文化建设、社会服务等活动提供大力支持，不断为校园也为社团本身带来生机与活力，注入新鲜的血液。

为提高社团知名度，扩大影响力，秘书社每年定期举办系列特色活动。安徽师范大学秘书职业技能大赛是秘书社的品牌活动之一。大赛由公文写作比赛、调研报告评比、PPT演说比赛等三部分组成，可以综合考察同学们现代办公实践的职业技能，帮助同学们提高对自身就业竞争力的认识，对自身职业生涯规划定位，为将来的就业提供一个小试牛刀的平台。每届大赛举办期间，秘书社的各个部门都会进行分工有序的合作，全员都会有条不紊地为大赛的顺利举办做好自己的分内工作。同学们积极报名，踊跃参加，并以认真的态度、真挚的情感、精彩的表现赢得满堂喝彩，展现了文学院学子积极向上的精神风貌和全面发展的综合素质，更体现出"聚是一团火，散为满天星"的文学院情怀。

江淮秘书社还设有特色刊物《秘书窗》。《秘书窗》是由秘书社编印的秘书学专业刊物，作为年刊，《秘书窗》每年都会举办一次征文大赛的活动。活动与秘书学专业息息相关，同时也会积极结合时事。如2016年的征文大赛活动以"培养写作兴趣，锻炼写作能力，加强秘书职业认知，发扬秘书职业理念"为目的，进行了"浅谈秘书人员的基本素养"和"文学作品中秘书人物形象研究"的主题征文；2017年则在庆祝党的十九大胜利召开的背景下，进行了以"十九大特刊"和"秘书工作中的社交礼仪研究"为主题的征文活动。《秘书窗》在办刊过程中，得到了来自校领导和广大师生的关心和支持。自创刊之日起，《秘书窗》即本着理论与实际结合、内容与实际并重的原则，赢得师大学子的一致好评，深受广大同学喜爱。

青春点燃激情，实践成就梦想。在文学院领导们的亲切关怀下，在老师们的悉心指导下，在广大同学的积极支持下，秘书学专业实践活动将会更加丰富多彩，秘书学专业的明天将会更加光辉灿烂，秘书社也将不断迈向更高的台阶，迎接更加美好的未来。

(七)德雅书苑

2014年11月，全国高校国学联盟会员单位、安徽师范大学首个国学社团——德雅书苑成立。多年来，德雅人本着"不为学分而来，只为热爱坚守"的原则，致力于为同学们打造一个学习传承中华优秀传统文化的公益平台（见图8）。2015年，德雅书苑加入安徽省高校国学联合会，时任会长张婧琳当选为省国学联合会主席。书苑利用省国学联合会打通全省国学社团互助发展渠道，利用全国高校国学联盟汲取优秀国学社团发展经验。书苑坚持立足根基，在国学经典中探索大学生德育教育的新思路；把握创新内涵，将民俗文化引入校园；注重践行开拓，搭建校内外公益交流学习平台。书苑建立以来，主办各类传统文化活动300余次，并成功打造明德讲堂、传统文化公益三班、民俗文化进校园、传统文化社会实践等特色项目，建立5个传统文化实践基地，真正将继承学习与弘扬相结合。

德雅书苑内部由一个会长、三个副会长、三大中心、七个主任构成。会长丁宁，来自文学院2017级汉语言文学（师范）专业，热爱民俗文化，致力打造更好的书苑。三个副会长分别管理办公事务中心、综合管理中心、新媒体运营中心，三大中心协调发展，使德雅书苑运作更加有序。

"读透一部经典，成就一门学问。"书苑坚守根基，立足经典，打造"明德讲堂"，聘请詹绪左、俞晓红、周元琳等专家学者，以及李小荣、窦李杨、张思嘉等校友，在创新实践中成功实现"传统文化+社交礼仪+互联网创业+国外汉语"教学分享；李晶、翟晓玲、何泽华等文化匠人，展现匠心魅力；程龙伟、张元青、康白等艺道大师，演绎琴、香、茶、花，寓道于艺。2014—2018年明德讲堂成功举办十几次国学沙龙，二十多场传统文化讲座，拥有20余位导师，聚拢近万学子。

"用热爱去奉献。"德雅人立足校内平台，开设三班。地笔书法，皖风诗韵挥斥方遒；晨读经典，花津河畔字字铿锵；民俗剪纸，以剪为笔绘出纸上师大。三班实现"三免"：免学费、免学具费、免书本费，不对学员收取一分一毫；科学规划课程体系，将学生自学与教师指导相结合，根据班级情况制定课表。数年传承，德雅人硕果累累：晨读班编撰特色教材10余本，组织学术沙龙十几次，从最初学员的一对一辅导发展到如今教授与百名学生同读经典；书法班不断创新形式，将软笔书法与地笔学习相结合，组织专业指导课程70余次；剪纸班将模剪与创新相结合，创作作品不计其数。多年来，共有2 000余人报名参与，700余人顺利结业，教学时长千余小时。

德雅书苑始终坚持用一颗心点亮另一颗心，让一个人感染一群人。在合肥，学习经典艺道，做内外兼修的德雅人；在阜阳，开展国学支教和青春孝行，做春风化雨的文院人；在芜湖、歙县深入文化调研，做守正创新的中国人。4个基地，6个地区，15支队伍，近百次国学教学，整理梨簧戏多个剧本，媒体报道千余次。德雅书苑不只做台下惊叹的看客，更躬身实践，做优秀文化的践行者和传播者。

民俗文化的传承格外艰难，书苑因崇敬而行动。书苑人走出校门，将民俗文化引进师大，举办民俗文化进高校系列活动，将艺术展演、民俗讲座交流与学员实践体验相结合，打造三位一体的服务体系。"出刀芙蓉，入神精气"，繁昌剪纸引来中外学生，共剪纸花；"云踪影移，手舞翻飞"，皖南皮影，三场演出，近千观众，震撼师大；"缥绢传古风，缂丝忆汉韵"，缂丝团扇，吸引全省数十所高校的传统文化爱好者，汇聚师大，共赏婉约之美。数十次舟车劳顿的外地拜访，上百封虔诚真挚的手写邀请函，数千次低头俯身为学员服务。书苑努力将社会上强大而又不为人知的文化力量聚集在一起，走进师大，感动师大，点亮校园文化风景，打造独属于师大的民俗文化盛宴。

丰富成长内涵，实践带动就业。书苑联合江南书院，与清华、复旦、香港中文等知名高校国学社团对话交流；借助安徽省高校国学联盟平台，开展高校国学社团发展研讨会，共话国学发展；联合华夏茶书院，打通匡古文化有限公司及国内首家传统香文化基地慧通香堂的实习就业通道；联合童来书院，创建就业平台，输送优秀文化人才。

　　每个清晨，书法班学员努力在祖朝平老师的带领下写出一手好字；周三和周六的下午，两个小时，一把剪刀，一张红纸，剪纸班的学员用心剪出自己的作品；每周三天的晚上，诵读班琅琅书声，一起领略传统文化。2014年来，书苑已取得许多不俗的成绩：2016年度安徽师范大学校园文化建设优秀成果申报评选中荣获一等奖；2017年获评"感动师大"十佳事迹。　　　　　　（文中数据截至2018年12月）

图8-1　陈文忠教授开展国学讲座

图8-2　旗袍团扇T台秀

图8-3　晨起国学经典诵读

图8-4　"剪纸"艺术进校园

图8-5　共练毛笔字

图8-6　共演皮影戏

图8-7　妙手剪真诚内心

图8-8　双目赏优美团扇

图8-9　实地探访书院

图8-10　亲身学习古琴

图8　德雅书苑活动（部分）展示

三、新媒体平台建设情况概述

（一）新苑通讯社

安徽师范大学文学院新苑通讯社成立于2005年，成立之初，隶属于文学院学生会，经过几年的发展趋于成熟。学院团委于2013年9月着力建设新苑通讯社，2014年4月新苑通讯社复建，下设办公室、采编部、编辑部、评论部、技术部五个部门，主要负责文学院日常重大活动的宣传发布。

（二）中国大学生在线安徽师范大学通讯站

中国大学生在线安徽师范大学通讯站隶属于文学院团委，向中国大学生在线网站推送校内新闻及原创文章。教育部中国大学生在线安徽师范大学通讯站于2014年4月9日正式通过建站申请并建立通讯站点，此后连续两年被授予中国大学生在线"优秀校园网络通讯站"称号。2016年中国大学生在线进行网页的改版与升级，在2016年"寻找最美校园地标"专题活动中，由中国大学生在线申报的敬文图书馆获此殊荣。在通讯站的牵头指导下，安徽师范大学在2017年中国大学生在线网站举办的"最美中国行"暑期社会实践评选活动中，一支团队获"优秀宣传团队"称号，两篇作品获"最具人气作品"称号，一名老师获称"优秀指导教师"称号，五名通讯员获称"优秀通讯员"称号。2018年，通讯站在中国大学生在线网站举办的暑期社会实践征稿活动中，发稿量名列全国高校第三，被评为2018年度"十佳校园网络通讯站"，获新媒体贡献奖。两名指导老师分别获得"校网通十佳指导教师""新媒体优秀指导教师"称号。三名同学分别获得"十佳校园媒体人""优秀校园媒体人""新媒体优秀学生编辑"称号。通讯站两篇原创作品获"年度优秀原创内容奖"。通讯站坚持寻找身边的新闻热点，积极挖掘师生身上有温度的好故事，累积发表稿件近千篇次，砥砺成长，传播青春正能量。

（三）中国青年网安徽师范大学通讯站

中国青年网安徽师范大学通讯站成立于2015年12月3日，由中国青年网校园通讯社和安徽师范大学党委宣传部共同管理与指导，现由文学院团委分管。通讯站长期致力于采编校园新闻，报道学校事迹，至今已累计在中国青年网发表高质量稿件113篇。中国青年网安徽师范大学通讯站于2016年度评选中在全国两百多家通讯站里排名第21名，荣获"全国优秀通讯站"称号。在2017年全国大中专学生暑期"三下乡"社会实践活动中，安徽师范大学通讯站三下乡官网发稿量位居全省第一，全国第四，并在团中央2017"镜头中的三下乡"评比中，指导老师荣获"优秀指导老师"称号，一名通讯员荣获"优秀通讯员"称号。2017年，安徽师范大学通讯站在中国青年网各高校800余家通讯站中发稿量位列全国第三，在2018年"镜头中的三下乡"评选活动中，通讯站指导老师荣获"优秀指导教师"称号，两名通讯员荣获"优秀通讯员"称号。在由团中央网络影视中心指导、中国青年网评选发布的"中青校园2018年全国暑期社会实践传播力"榜单中，安徽师范大学获评"优秀新闻宣传单位"，安徽师范大学文学院赴罗河"手写记忆"支教团队荣获"全国百强传播力团队"称号。中国青年网安徽师范大学通讯站在2017年、2018年全国"三下乡"社会实践中发稿量稳居全省第一，全国前四；连续三年荣获全国"优秀校园通讯站"称号，取得骄人成绩，为向社会各界传播师大好新闻、好故事做出了突出贡献。

（四）安徽师大文学院公众号

1.成果概况。

为进一步加强学院与师生之间的交流沟通，及时传递校园资讯，汇聚校院热点新闻，打造内容丰富、务实有效的新媒体平台，团委开通"安徽师大文学院"微信公众号。秉承"文以载道，学以化人"的文学院精神，安徽师大文学院公众号分为"青春文院""实力文院""美好文院"三个模块，从师生风采、办学动态、校友资讯等方面，展现文学院师生精神风貌与办学成果，力争打造大学生思想引领、风采展示与互动交流的新媒体运营主阵地，探索新媒体环境下共青团宣传思想工作的有效途径和方法。

"青春文院"分为"青春风采""青春足迹""青春丝语""青春榜样"四部分。"青春风采"主要报道本科生、研究生日常文体活动，例如开学典礼、换届大会、运动会、民俗活动进校园、双迎晚会等，并展示文学院党团建设动态；"青春足迹"公示各项通知，发布学分、就业信息；"青春丝语"报道"青春丝语"系列讲座、节日状况，适时发布生活小提示；"青春榜样"报道先进集体和先进个人事迹。综合来看，此版块侧重展示学生风采，提供有效信息资讯，辅导心理教育，发挥榜样示范作用，引导学生保持积极向上的心态，共推送微信软文千余篇，阅读量达七十余万次。

"实力文院"分为"研途有你""学术动态""办学成果""院网直达"四部分。"研途有你"主要报道学术沙龙、报告、研究生活动等；"学术动态"主要报道校内外学术活动，如学术讲座、学术研讨会议、征稿通知，优秀的学术著作和论文分享与收藏，如学海导航、名师导教、实务专家等；"办学成果"是一个学科学术成果的展示平台，如教师新的专著发布、教授获奖等；"院网直达"直接链接至文学院官网，便于获取更多信息。综合来看，此版块侧重研究生建设与风采，展示文学院厚重与内涵发展。

"美好文院"分为"教师篇""校友篇""影像篇""媒体篇"四部分。"教师篇"报道教师公开讲话、公开课，并推出教师通讯；"校友篇"报道校友返校活动，推出校友通讯；"影像篇"推出文院"双迎晚会""毕业生晚会"等各大节目视频，并给出详细解说。综合来看，此版块主要展示教师与校友风采，打造师生互动平台，展播"话剧汇演""诗文朗诵""双迎晚会"艺术工程作品，共推送微信软文百余篇，阅读量达三万次。

2.具体成果。

（1）打造大学生党团建设的阵地。

① 开辟"一学一做"等教育实践专题。

2017年，团内重点工作是扎实开展"一学一做"教育实践，以扎实业绩迎接党的十九大胜利召开。团委通过微信公众号，弘扬主流思想，创建"红心向党"专题，致力于党建和团建，推送"一学一做"教育实践学习内容、精神要求等，做好"青春喜迎十九大，不忘初心跟党走"线上主题宣传，学习习近平总书记系列重要讲话精神，开展"不忘初心跟党走"主题团日、团员先锋岗（队）创建等线上活动，配合组织"魅力团支部"活动，向外传播文学院党课班、各专业及学院党建团建动态，共推送微信软文三百余篇，阅读量近十万次。

② 优化"文院青年说""师说心语"等专栏。

为增强共青团新媒体的活力与影响力，文学院公众号开辟专栏，邀请青年学子用青年语言发出青年好声音，邀请教学名师发出好声音，宣传党的创新理论成果和实践要求，传播主流价值观。共推送微信软文五十余篇，其中"师说心语|陈文忠教授在学校2017级新生开学典礼上的讲话"在学生和老师中带来热烈反响。

③ 打造"青年之声工作坊"。

在院学生会设立新媒体部，选拔学生组成团队，管理文学院微信公众平台与微博，传播爱与希望，弘扬社会正能量，创建一个清新的网络环境。新媒体部在学院新媒体运营中起牵头作用，带领各班级、七大社团、暑期社会实践团队，利用新媒体平台结合自身特色宣扬社会正能量。

（2）打造坚定文化自信线上平台。

① 开辟"文化青春"线上系列活动。

文化是民族的血脉，是人民的精神家园。学院利用微信公众号、微博等推送"文化青春"系列软文，举办线上古诗词大赛、成语大会等形式多样活动，组织"树洞小屋"线上征文活动，佳作鉴赏，推广德雅书苑传统文化活动，增强青年学子对中华优秀传统文化的认同感。共推送微信软文近百篇，阅读量近2万次。

② 协同推广"文化青春"展播厅。

整合传统文化资源，展播学院传统文化工程——"话剧汇演""诗文朗诵""双迎晚会"以及汉文化主题演出实况影像等，弘扬优秀传统文化，增强青年学子对中华文化的强烈认同与文化自信。共推送微信软文30余篇，阅读量达2万余次。

③ 弘扬社会主义核心价值观。

利用新媒体平台，以学生喜闻乐见的形式弘扬社会主义核心价值观，引领学生思想。推送有关爱国、奉献、孝心、真诚等方面的内容，例如"青年节|听说文院有部《青年的名义》正在热映！""节日说|烛光里的妈妈，愿岁月忘记带给您白发"，共推送微信软文300余篇，阅读量达7万余次。

（3）搭建素质拓展工程主渠道。

① 第二课堂线上活动平台。

加强与完善"Myouth"平台的对接，打造团委公众号成为第二课堂素质拓展活动发布，报名入口、学分认证公示等平台，协助开展各类大型线下活动线上互动推广，强化第二课堂对人才培养的助力作用。推送各类通知公示共140篇，阅读量达4万余次，给同学们提供了更加便捷的服务，促进了学生综合素质的提高。

② 社会实践工程阵地。

完善学院公众号线上平台功能，链接"Myouth"平台，致力于实现学院社会实践团队组建、招募队员、论证评估、立项通知，以及实践中青春风采、评优评先等展示与活动平台，助力社会实践联动育人效果，并在学院新媒体平台上对团队暑期社会实践优秀动态加以报道，激励团队更加努力向上，做到最好。共推送微信软文百余篇，阅读量近三万次。

（4）打造青年学子线上温暖生态体系。

① 思"享"调研。

利用学院公众号的投票、留言等功能，创新线上问卷调查等方式，与学生互动，更加有效、真实地了解青年学子心中所思所想，疑问困惑；有利于精准服务学子，促进学生工作开展。

② 青春丝语。

利用微信、微博等平台推送精准资讯，通过图文及互动的形式进行新生入学教育、春季安全教育、心理健康疏导、主题教育；学习经验分享，开展线上"树洞小屋"，分享青年学子心声，助力学生日常的幸福温暖生活。

③ 青春"星"榜样。

设立"青春榜样"版块，分为"佼佼学子"和"群英荟萃"两部分，"佼佼学子"展示"自强之星""青春'星'榜样"等品学优良、积极向上的学子；"群英荟萃"展示优秀集体。配合组织学院先进集体及优秀个人评选，展示在志愿服务、学习实践、自强不息、团结进取等方面优秀的个人与集体，表彰先进，激励学子，引导青年学子追求卓越。推送"安徽师范大学2015级秘书学专业团支部：当青春遇上新时代"等微信软文五十余篇。其中2015级汉语国际教育专业获得校级"先进班集体"荣誉称号，2015级秘书学团支部作为安徽师范大学唯一团支部被推送至全国参加活力团支部评选。

④温暖文院人。

结合"喜迎校庆九十年"，梳理展示学院90年来的光辉与厚重历史，展播学院学术与学科建设成果，主推"校友通讯"，展现各条战线上的优秀校友风采，拓展校友资源，共推送有关文章20余篇，展示学院人才培养的厚重实力及其深厚内涵，增强青年学生的集体荣誉感与凝聚力。

（5）构筑创新创业教育着力点。

构建学院青年学子创新创业教育的重要渠道，主动推送双创教育相关慕课、新闻政策等图文、音频软文，打造学院双创教育的活动发布、成果展示平台，营造浓郁的创新创业氛围，激发青年学生的创新思维与动能。

（6）打造"三全育人"线上助学平台。

设立"青春三部曲"版块，分为"青春好读书""青春好时光""青春好创作"三部分，邀请专家学者、老师、学长为广大学子分享心得、传授经验、答疑解惑。"青春好读书"分享读书体会，引导学生好读书、读好书；"青春好时光"助力青年成长，解答成长困惑；"青春好创作"指导学子创作，照亮青春文采。推送"青春好读书|跟陈文忠老师一起，读一生有用的书"等微信软文十余篇，在学生中颇受好评。

（文中数据截至2020年12月）

四、薪火团校建设情况概述

截至 2019 年 12 月，文学院薪火团校暨学生骨干培训班已成功举办十一期。文学院薪火团校秉承"四个课堂"联动的宗旨，合理安排教学大纲，以提高学生干部的政治素养、理论水平及实践能力。第一课堂长知识，强调专业学习；第二课堂长技能，强调素质拓展；第三课堂长经验，强调社会实践；第四课堂长见识，强调网络素养。通过对党团思想、学生干部技能、志愿服务、素质拓展等知识的讲解，提高学员的思想认识和实践能力，促进学员全面发展。

借助学院平台，薪火团校将学习教育、示范引领、实践养成相统一，帮助青年团员提高思想站位、坚定政治立场，在思想、政治与行动上旗帜鲜明地跟党走，是团组织培养团员、教育青年、培训青年干部的重要载体。

依托薪火团校，文学院学生骨干培训班也是由文学院团委组织，培训的主要对象主要是参与薪火团校的学生骨干。以党的创新理论的学习与实践为主题，旨在通过培训促进学生干部的科学发展观学习，强化学生干部的学习意识、服务意识和大局意识，加强文学院学生干部队伍的建设，提升学生干部的综合素质和团队凝聚力，增强整体工作水平，打造一流学生干部队伍。薪火团校暨学生骨干培训班通过组织系列学习与实践活动，进一步增强学生骨干肩负起时代重任的使命感与责任感，传承了文学院"聚是一团火，散为满天星"的光荣传统，为进一步强化学生"自我教育、自我管理、自我服务、自我监督"的能力，促进学生成长成才奠定了良好的基础。

五、学生专业实践情况概述

安徽师范大学文学院始终坚持将志愿服务与专业特色相结合，让社会实践成为学生成长"行走的第三课堂"。学院秉承"实践主题反映时代特征、方案实施结合地方特色、团队品位体现高校特质、活动形式彰显学生特点"的工作理念，形成"专业+实习+实践"的联动育人模式。学院成立大学生暑期社会实践活动领导组，举办社会实践活动启动仪式暨专项培训会，出台社会实践工作方案，举办实践团队立项答辩会，保障社会实践活动落到实处、取得实效，让学生在实践中受教育、长才干、作贡献。

学院面向全体大学生志愿者举办项目选题、团队建设、社会调研、新闻报道等专题培训，为实践顺利开展夯实基础；进行服务技能、安全教育培训，购买保险，签订安全责任书，实施安全日报制度，确保实践过程零事故；召开基地对接会，保障社会实践长期有效进行；召开临时党支部、团支部成立大会，引领学生在实践中学党史、强信念、跟党走；校院党政领导、专业教师为国家级、校级、院级重点团队授旗，指导教师全程跟队实践。

2012年至今，文学院共组建400余支暑期社会实践团队，前往全国50余地市开展形式多样的实践活动，共建社会实践基地超50个；共申报社会实践项目100余项，其中近10项荣获中国青年志愿服务项目大赛、安徽省青年志愿服务项目大赛奖项，荣获全国"百强传播力"团队、全国"千校千项"优秀团队、安徽省"十佳创意"团队等荣誉200余次，培育出五四爱心学校留守儿童陪护计划、中华优秀传统文化德雅传播计划、"爱不单行"社区单亲儿童一对一亲情陪护志愿服务项目、青孝课堂。

（一）安徽师范大学文学院暑期社会实践总结（部分）

1.安徽师范大学文学院2012年暑期社会实践总结

社会实践是大学生参与社会、感知生活、拓宽视野、增长见识的重要途径，为青年学生在实践中体验第三课堂魅力、培养服务奉献精神、锻炼实际操作能力提供了广阔而便捷的平台。

为了把暑期社会实践与庆祝中国共青团成立90周年活动相结合，安徽师范大学文学院，积极组织大学生三下乡暑期社会实践活动，引导青年学子以坚定的信念、宽广的胸怀、饱满的热情、务实的态度，努力做科学发展的奋力推动者、和谐社会的积极构建者。响应团中央"青春九十年，报国永争先"实践主题的号召，全院共组建60余支队伍，按照安徽师范大学团委的"个、十、百、千、万"方针，分三层次展开，即成立4支校级重点团队，各支部成立21个院级实践小分队，36个班级服务小组，共计689人，累计实践天数500余天，未参加团队自行安排实践活动的个人300余人，在全省乃至全国很多城市开展了义务爱心支教、雷锋精神宣讲、传统文化宣传、社会热点调研等形式多样的无偿志愿服务活动。现将文学院暑期社会实践情况总结如下：

领导重视、筹备周密、广泛动员

早在2012年5月，文学院就成立了由党委书记余大芹、院长丁放共同任组长的学院暑期社会实践领导组，下发了《关于组织2012年暑期社会实践活动的通知》，进行广泛动员，并制定《文学院2012年暑期社会实践活动实施方案》。文学院党委副书记戴和圣在辅导员工作例会上进行布置，各辅导员在团支部进行动员，文学院团委还组织召开了文学院2012年暑期社会实践动员会。会上，文学院党委副书记戴和圣指出，开展社会实践既要有踏踏实实的态度，也要有勇于创新的精神。他特别强调了安全问题，要求负责人通过行之有效的管理方法确保队员安全。文学院团委书记张银丹介绍了2012年的实践团队申报情况，部署了暑期社会实践各项工作，并以文学院2011年暑期社会实践取得的丰硕成果鼓励广大队员再接再厉，再创佳绩。指导教师代表吴青山发言，他鼓励大家发扬艰苦奋斗的精神，将暑期社会实践视为一笔宝贵的人生财富。

实践过程中，校院党政领导亲临活动一线，为新建基地揭牌，亲切看望和慰问参加暑期社会实践活动的队员们。刘运好教授、崔达送教授、方维保教授、杨四平教授及陈霄、吴青山、陈骁、白璐、郜雪等辅导员作为此次文学院暑期社会实践活动指导老师，对4支校级重点团队进行指导。文学院还选拔了数十位优秀党员学生干部参与，他们在团队中发挥了先锋模范作用，推动了文学院社会实践活动的顺利开展。

内容丰富，形式多样，特色鲜明

（1）重点团队，统领全局。

"五四爱心学校"一直是文学院重点打造的志愿者服务品牌。此次"五四爱心学校"精心组建了赴岳西县毛尖山乡团队、赴阜阳市王家坝镇团队和赴六安市固镇镇团队三支校级重点团队。此外，结合"喜迎十八大"的时代主题，文学院还组建一支校级重点团队赴芜湖市高新技术开发区进行企业走访、文化调研。

手握青春，志愿同行。"五四爱心学校"赴岳西暑期社会实践团队在"中国青年五四奖章"获得者吴青山的带领下，深入大别山区，将课业辅导和主题活动相结合，传授知识，传递真情。针对留守儿童的实际需求，团队举办了规范汉字书写技能培训、留守儿童生存现状专题调研、"我的中国心"爱国主义教育、普通话普及、"我爱我的家乡"主题演讲比赛、孝文化宣讲、"共迎奥运、喝彩中国"奥运知识普及等一系列特色活动。队员们还与"全国道德模范提名奖"获得者、十八大党代表、岳西县毛尖山乡留守儿童中心主任刘磊面对面，用实际行动迎接党的十八大。爱心支教活动受到了社会的广泛关注，中国青年网、中国教育新闻网、中国文明网等国家级媒体累计报道10篇次，安青网、《皖江晚报》、《安庆日报》等省、市级媒体报刊累计报道33篇次。

"五四爱心学校"赴六安市固镇团队在爱心支教过程中，开展了中华传统孝文化学习、"学雷锋、听党史"讲故事比赛、"识地图看世界"趣味地理角等一系列形式多样、内容丰富的活动。每天上午，志愿者进行语文、数学、英语等科目的常规教学工作，考虑到当地英语教学水平较低，他们还制作国际音标卡、编写英语小剧本，努力提升学生学习英语的兴趣。在支教之余，趣味运动会、学唱革命歌曲、观看爱国电影、宣讲《弟子规》等活动大大丰富了孩子们的暑假生活。据统计，团队走访并资助留守儿童6人，回访6名五四爱心基金受助学子，开展教学活动750个小时。志愿者们务实的态度不仅受到学生的欢迎、老师的认可，也引起社会的广泛关注。中国教育品牌网、中国经济网、中国大学生在线等多家媒体对相关活动给予关注和报道。

"五四爱心学校"赴阜阳市王家坝镇暑期实践团队第二次来到王家坝镇，教授当地近200名留守儿童，无偿授课累计达500多个小时。回访5名"五四爱心基金"受助学生家庭，为5名家境贫寒的留守儿童发放学习用品。团队还参观王家坝闸及王家坝抗洪纪念馆，学习王家坝人民"牺牲小我，顾全大我"的无私奉献精神。采访被称为"淮河老人"的先进党员刘克义，学习雷锋精神。开展关于留守女童生活及心理状况的问卷调研，聚焦热点民生，关爱留守女童。开展师生红歌会活动，增强孩子的爱国意识。举办以"中华文字的演变"为主题的传统文化讲座，传播传统文化。举办"携手爱心，同创未来"文艺晚会，师生同乐，展示青春风采。在不断走访与学习中，队员们践行"教书育人、教学相长"的格言，锻炼了实践能力，增长了实践经验，《大江晚报》等多家媒体对相关活动广泛报道。

文学院赴芜湖高新技术开发区文化调研服务团队以"切实完成企业文化调研、服务一方百姓"为目标，以实际行动迎接党的十八大的胜利召开。队员们采访"天宫一号"重要设备制造单位华东光电技术研究所、中国首家以塑料型材为主业的上市公司海螺型材科技股份有限公司、国内最大的空调自控连接线生产企业三花集团等多家企业，深入企业内部，了解企业发展历史和一线员工的精神状貌，宣传企业文化，发掘企业典型事迹，感受高新技术产业的独特魅力。除了走访企业，队员们还开展了各种各样的活动：举办"保持党的先进性，迎接党的十八大"主题宣讲活动；按时排班，定点执勤，协助交警管理交通，累计服务群众200多个小时；不畏酷暑，走上街头，向过往行人发放党的十七届六中全会精神宣传单……"企业是树，人才是根。根有多深，树有多茂。"志愿者们表示，看着芜湖企业人不屈奋斗、顽强合作的生命力，他们也看到了自己身上的责任与使命。中国教育品牌网等多家媒体对该团队的事迹累计报道30余篇次。

（2）分队活动，异彩纷呈。

①义务支教，关爱留守儿童。

此次暑期社会实践，文学院爱心支教活动之花开得格外艳丽。除4支校级重点团队外，文学院还成立了15支爱心支教分队，奔赴陕西省石泉县、滁州市全椒县、六安市霍邱县、安庆市潜山县等地，向落后地区的孩子们传授知识。其中，赴黄山市歙县郑村镇暑期实践团队在交通极度不便的情况下，仍坚持每天步行 3 小时，无偿支教 300 多个小时。赴黄山市祁门县阳光支教团队、赴安庆市怀宁县爱心支教团队、赴滁州市关爱留守儿童实践团队等队伍，深入留守儿童聚集的农村和山区，开展趣味运动会、联欢晚会、安全宣讲等形式多样的爱心活动，募捐图书及学习用品，为留守儿童送去爱和温暖。中国青年网、安青网、中安在线等多家媒体对活动进行了报道。

②专业实践，传统创新并行。

结合专业特色，文学院成立赴安庆市怀宁县五大高中及海子故居和独秀陵园文化实践团队、赴六安酒文化暑期社会实践团队、赴宿州调查农民工状况的专项实践队等队伍。文学院赴芜湖"学生创新精神和实践能力培养"小分队坚持"左手创新，右手实践"的原则，立足于走进社区为孩子做课业辅导，寓教于乐，着重拓展孩子学习的第二课堂。文学院赴晋古文化实践团队从不同角度出发，让大学生们对如何充分利用专业知识努力传播传统文化以及自身发展等问题进行探讨。赴黄山西递宏村景区志愿翻译服务队结合对外汉语专业知识，在实践中获得真知、增长才干。

③典型调研，聚焦民生热点。

文学院组建赴芜湖市大学生自主创业现状调查研究团队、赴淮南市部分农村中小学开展教育状况调查研究团队、赴安庆市怀宁县调研风土人情团队、赴亳州市涡阳县农村留守儿童状况调查团队近 20 支调研支队。其中，赴黄山市歙县徽派建筑文化调研团队除了发放调研问卷外，还对中国画家协会会员吴钟炎先生进行了个人访谈，他们结合调研地点的历史文化、地域特色、民风民俗等情况，在实践中获得了大量一手材料，对民生热点问题有了更加清楚的认识。这些团队通过开座谈会、实地采访、分发调研问卷等多种方式深入社会、贴近群众，进行认真细致的调查和研究。

④志愿服务，构建和谐社区。

为了更好地满足社区居民的精神文化需求，文学院组织了赴荆山街道环保实践团队、赴芜湖新型社区管理和服务体制实践小分队、赴霍邱社会生活百态实践团队、赴淮南合肥六安安庆四地居民用水和水资源保护情况调查小分队等10支团队深入社区提供便民服务。除了打扫社区公共卫生、看望社区孤寡老人、回收居民家用废电池、宣传绿色生活理念、慰问社区楼管工作者……志愿者们还开展了"学雷锋、讲文明、树新风"宣传活动，派发环保知识宣传单。更有赴芜湖健康路街道"志愿服务，关爱成长"暑期社会实践团队，从体制角度出发，为和谐社区的建设献言献策。志愿服务活动得到了社区居民的支持和称赞，也被新华网、《大江晚报》等多家媒体的报道。

⑤学习雷锋，响应时代号召。

为契合"学雷锋年"主题，在暑期社会实践中，文学院成立学雷锋工作小组，制作"学雷锋年"书签，带领志愿者系统学习《雷锋日记》，制作主题海报……在社会实践的活动场地，处处可以看到志愿者带领学生学习雷锋的场景，时时能够听到"学习雷锋好榜样"的悠扬歌声。赴舒城县五显镇弘扬雷锋精神实践团队、赴黄山市黄山区甘棠镇暑期社会实践团队以"书香传承，争当先锋"为主题，弘扬中华文化、培育时代精神。赴芜湖市"爱心夏日"暑期服务团队在志愿服务中展现青年风采，在传授知识、传递爱心中践行雷锋精神。赴浙江长兴县孤儿院"传承雷锋精神，关爱弱势群体"爱心志愿服务团队勉励孩子们学会奉献爱心，争当新时代的雷锋。

⑥弘扬传统，青春建功献礼祖国。

传统文化的传承与发展关系着民族文化软实力的强弱。文学院"弘扬传统文化"知识文化宣讲服务团队远赴黑龙江、山东、福建等地，或探访民间传说，弘扬水乡文化；或追寻闽南古韵，传承华夏遗风。学院立足专业特色，专门成立经典诵读小组，深入边远山区，宣讲传统文化，将吟诵《弟子规》、教授传统礼仪、讲述二十四孝故事、布置特殊家庭作业——为父母洗脚、手语表演《感恩的心》等活动固化为宣讲传统孝文化的经典形式。"赴陕援西"实践团队走进西南秦巴山区，在弘扬传统中传承文明，为支援西部建设贡献自己的力量。赴山西云冈石窟文化考察团队、赴马鞍山钢铁文化考察团队深入基层，感受地域文化、分析文化内蕴。"汉风皖韵"传统文化教学宣讲团队、赴泰安水浒文化宣传小分队举办专场宣传推广会，弘扬传统文化、传承中华民族美德。赴安庆大别山区帮扶共建团队聚焦农村教育体制改革，用双眼观察城乡发展，探寻新农村建设的喜人成果，向祖国献礼。

全面总结，汇报交流，深化成果

（1）创先争优，展示成果。

根据文学院团委要求，每位同学在开学初都向团委上交了暑期社会实践登记表。2012年9月15日下午，文学院召开暑期社会实践汇报评比大会，经过选拔，25支团队在上报实践总结材料的基础上进行了PPT汇报，学院党委副书记戴和圣、团委书记张银丹以及7名辅导员出席汇报会并担任评委，最后评定成绩以平均分计。学院根据成绩评定情况评选出一等奖5名、二等奖8名、三等奖12名，通过总结、整理得知：120余家媒体在暑期报道了文学院实践活动情况，学生形成并上交调查报告700余份。活动涉及的2009、2010、2011级学生，学院将根据获奖情况进行素质拓展认证。在此基础上，院团委将推选申报重点团队4个，先进个人35名，优秀调查报告13篇，优秀实践征文13篇。同时，文学院将在总结实践活动的基础上积极展示社会实践的成果，并制作社会实践专题展板在学院社区进行宣传。

（2）交流经验，认真总结。

在总结表彰的基础上，学院对社会实践工作做进一步的经验交流，明确文学院在此项工作中的特色和优势，为继续做好这项工作打下坚实长久的基础。参与社会实践的代表总结了在本次实践活动中的经验和感受：

①切实把社会实践活动放在素质教育的大系统中进行谋篇布局，是社会实践活动取得应有实效的前提和保证。

②坚持"五个结合"，进一步加大活动的文化知识含量，着力培养学生以实践能力和创新精神为重点的综合素质能力，努力实现与素质教育的对接。

③坚持社会实践与优秀大学生的培养相结合，培养高素质的优秀人才，加大对优秀人才的培养力度。把德才兼备的优秀学生选拔出来参加以上社会实践活动，旨在以优秀大学生的培养为突破口，以点带面，带动全院学生积极进取、全面发展。

④坚持社会实践与地方经济和社会发展的需求相结合。从多年的社会实践中可以感觉到，社会实践活动每年之所以得以顺利开展，取得实效，是因为活动符合地方经济和社会发展的实际需求，社会实践活动切实为地方做出了贡献，办了实事。

（3）服务社会、锻炼成才。

暑期社会实践活动是大学生了解社会、贴近社会、深入社会的一大途径。在本次实践活动中，志愿者们精心策划，积极准备，不断充实和创新实践内容，走进学校传播国学经典，走进农村帮建农家书屋，走进乡镇宣讲党史国情，走进社区调研民生热点。全方位、宽领域、多角度的实践活动加深了大学生对社会的认识，拉近了他们与群众的距离，丰富了他们的人生经历。在社会这个大舞台上，志愿者们秀出自我才能、点燃青春激情，加强合作能力、服务人民群众，积累实践经验，为走上工作岗位奠定了扎实的基础。广阔的社会，还有许多未开拓和未完全开拓的领域等待着年轻的大学生们，文学院的莘莘学子将契合时代主题，站在一个新的起点，以他们所拥有的专业知识、拼搏精神，让梦想起航，做一名合格的当代大学生，肩负起青年学生的使命，为祖国建设奉献自己的青春。

*　　*　　*

2.安徽师范大学文学院2013年暑期社会实践总结

在近一个月的梳理总结、评比表彰、素质认证的基础上，安徽师范大学文学院的社会实践代表成员从各个方面对2013年社会实践活动进行了最终总结。

秉承理念，明确目标，实践方向最清晰

文学院2013年暑期社会实践秉承"实践主题反映时代特征、方案实施结合地方特色、团队品位体现高校特质、活动形式彰显学生特点"的"四特"理念，明确社会实践三重育人目标，即：会做一些事，增长才干；有一些思考，受到教育；能帮一些人，做出贡献。引导学生向实践学习，向人民群众学习，最终达到"提升自我、服务群众、奉献社会、展示风采"的目的。

系统谋划，高效运转，三个保障最给力

文学院联系实际，组织保障、思想保障、物质保障三管齐下，形成一套健全的社会实践保障体系。

组织保障方面：成立以余大芹书记、丁放院长共同任组长的领导小组，召开专题会议全面部署、层层动员；文学院团委召开"实践团队立项论证会"，按需设项，据项组团。同时，活动也得到地方政府的大力支持。

活动期间，学校及学院党政领导先后23人次亲临活动一线慰问实践师生；崔达送教授、王茂跃教授等11位骨干教师悉心指导，全程参与，确保实践活动顺利进行，无一起安全事故。

思想保障方面：成立临时"党员先锋队"，组建学生骨干培训实践团队，充分发挥学生骨干的先锋模范作用；对每一支实践团队提出了有实践方案，有调研报告，有工作总结，有活动心得的"四有"要求。

物质保障方面：前期投入资金一万八千余元，广泛整合社会资源，争取社会化资金四万余元，充足的资金保障活动顺利开展。

重点突出，整体推进，创新实践最有范儿

特色1：爱心支教基地化，实践更具专业范儿。

发挥师范生特长，以"五四爱心学校"为中心倾力打造爱心支教活动：服务地方，坚持基地建设，新建云南景东、宿州符离支教基地3个，固化、推广支教成果；续建岳西毛尖山支教基地，开展"入户式"亲情陪护30天，14名志愿者住进留守儿童家中，同吃住、同劳动、共成长，留守儿童心理疏导更深入；巩固六安固镇、阜南王家坝基地，多年坚守，把素质拓展带进乡村，引领农村孩子全面发展。汇聚暖流，启动五四爱心基金"一元计划"，建立爱心QQ群、爱心微博，筹集爱心基金5500元，资助贫困学生12人，爱心接力只盼能圆贫困学生一个上学梦。凝心聚力，打造创新型支教，做代理教师，家访学生200余人次，为基层基础教育贡献力量；持续开展关爱行动，为蜗居城市一角的农民工子女送去爱的关怀。数十支支教团队，数百名实践队员，六十余地市，文学院学子用专业所长传授知识，传递爱心，潜移默化中实现学习书本知识与投身社会实践的有机结合。

特色2：寻访调研家乡行，实践更有亲民范儿。

从群众中来，到群众中去，鼓励学生在家乡就近就便开展寻访调研、大学生村官系列访谈活动，学习身边青年典型，汲取青春能量；

77

开展普通话推广调研、农村中小学撤点并校调研、中小学语文教育现状调研、赏识教育方法实施调研、中小学生课外阅读现状调研，关注家乡教育新变化，探求专业新前景；开展管仲文化调研、传统节日文化调研、非物质文化调研，见证家乡历史文化变迁，融入家乡新发展；开展"城市发展之美"调研、"美丽乡村"文化建设调研、茶文化发展调研，关注家乡民生百态，献计献智家乡未来。调研团队深入家乡，深入生活，深入群众，寻访调研更亲民、更丰富、更精细、更有利于学生投身家乡建设。

特色3：分享文化促认同，实践更显时代范儿。

追寻红色足迹，走访老红军，走进爱国主义教育基地，用微视角记录历史的真实；开展"中国梦·我的梦"系列教育，唱响时代主旋律，传递梦想正能量；新建"美丽乡镇"文化建设服务实践基地，助力乡村文化建设；开设"青青子衿"国学班，吟诵古文经典，学习传统礼仪，德音雅乐间传播博大精深的中华文明，传统文化中展现和谐社会之精神内涵；环保理念宣传，受到普遍赞誉。文学院学子在实现自身价值中彰显时代责任，引领时代风尚。

成效显著，反响强烈，无悔青春最闪耀

文学院59支实践团队，千余名大学生分赴全国76个地点，活动参与率高达91.2%，义务支教3 000多小时，发放问卷万余份，形成调查报告和征文一千五百余份，捐款捐物1 5000多元，文艺演出9场，图片展览、咨询、宣讲75场，新建、续建暑期社会实践基地7个，收到感谢信35封，锦旗3面，安徽电视台、芜湖电视台、池州新闻联播、《云南日报》、《皖西日报》、《池州日报》、人民网、中国青年网、中国共青团网、中国文明网、安徽省文化厅官网等108家新闻媒体报道了学院的活动。

青春不能平庸，青年不要彷徨，为世界进文明，为人类造幸福。

2013年暑期，安徽师范大学文学院学子的青春在实践中闪耀，他们的青春在成长成才中闪光，他们的青春别具风采！

*　　　*　　　*

3.安徽师范大学文学院2014年暑期社会实践总结

在一个多月的梳理总结、评比表彰、素质认证的基础上，安徽师范大学文学院社会实践团队代表成员对2014年社会实践活动进行了最终总结。

高度重视，精心组织，高品位引领实践发展方向

安徽师范大学文学院紧密围绕实践育人这一中心，力求做到四项到位，全力保障实践活动顺利进行。

党委谋划到位，引领实践发展方向：5月初，文学院党委成立领导组，下发了《关于组织开展文学院2014年暑期社会实践活动的通知》，明确"实践主题反映时代特征、方案实施结合地方特色、团队品位体现高校特质、活动形式彰显学生特点"的工作理念，把"会做一些事，增长才干；有一些思考，受到教育；能帮一些人，做出贡献"作为社会实践的三重育人目标，统筹部署本科生、研究生实践活动，引导青年学生在实践锻炼和服务群众中培育和弘扬社会主义核心价值观。

团委组织到位，保障实践安全有序：文学院团委出台《文学院2014年暑期社会实践实施方案》和《五四爱心学校2014年暑期支教专项行动方案》，召开"实践团队立项论证会"，发挥学生主观能动性，围绕五大主题（志愿服务、爱心支教、寻访调研、专业能力提升、文化传承）、三项指标（团队构成合理、方案制定可行、地方支持有力），开展全方位团队立项论证，遴选出不同级别团队。投入实践启动经费2万余元，全员购买保险，制定社会实践意外事故应急预案，签订安全责任书，实施安全日报制度，确保实践过程无一起安全事

故。召开动员大会，分专题开展实践培训；遴选学生党员、主要学生干部100余人，推动实践活动高效能顺畅运转。

教师指导到位，确保实践高效运转：实施研究生实践团队导师制；10位专业教师、辅导员老师全程指导团队，另有10余位老师倾心关注实践活动的开展；文学院党政领导先后20人次赴5地市慰问实践师生，推动了实践活动高品位有效运转。

地方支持到位，推进实践青春接力：云南红河哈尼族彝族自治州红十字会、景东县教育局、山东孟良崮中学、霍山县教育局等多地政府倾力相助；新建续建实践团队10个，签署共建协议5份；争取社会化资金4万余元，获捐物资4 000余件，保障了社会实践的青春接力。

点面结合，特色鲜明，高质量打造实践育人平台

安徽师范大学文学院坚持以第一课堂为主导，结合各专业实际情况和学生锻炼成长的需要，围绕专业实践能力提升、"挑战杯"课外学术科技作品创作活动等，创新实践方式，按照活动项目化，项目品牌化，品牌特色化的思路，更加鲜明地打造了实践特色项目和活动品牌。

（1）彰显专业特色，悟学以致用。

校级重点团队赴岳西菖蒲阅读创新教学实践团队，以中小学生阅读教学理论科研创新为重点，以提升师范技能为目的。学生们走上讲台，进行语境阐释阅读，历史典故释义，汉字英雄比赛……志愿者让枯燥的阅读课如音乐般流淌，学生听得懂、喜欢听，阅读课受到广泛好评。校级重点团队赴霍山县"文化传承 启迪智慧"国学宣讲团自选、自编国学教材，创新国学宣讲形式，激发中小学生对国学的兴趣，更激励志愿者们进一步学习好、传承好中华文化。烟雨江南，诗话留香，走过几十载的江南诗社组建诗社史料整理实践团队，搜集、整理历届诗社人的美文佳作，整理出版《江南诗社三十年特刊》，延

展社团新的生命活力。太阳话剧社组建校史话剧创作实践团队，走访离退休老教师、老校友，充分挖掘校史、校情，编创校史话剧，再现师大深厚底蕴。

此外，社会实践团队的中学语文教师专业成长调研、方言调研、民俗文化调研等10余支实践团队，知行合一，实现学习专业知识与投身实践相结合，不断提升专业能力。"论语一百"国学讲堂、"青青子衿"国学班、桐城文化调研、北京传统文化调研等10余支探寻、弘扬传统文化实践团队在江淮大地传播文化，传承经典，做传统文化的时代接班人。

（2）追逐信仰前行，思考以求真。

校级重点团队赴山东实践服务团队走进红色精神的孕育地——山东沂蒙，寻访调研，走访红嫂，聆听专题报告，形成沂蒙人物访谈实录50余份，调研笔记4万字，录音100余段。队员们将红色精神记录于纸、铭记于心。

文学院成功申报国家级重点团队，获团中央2014年"井冈情·中国梦"全国大学生暑期社会实践季专项行动全额资助。学生们将诗意的浪漫融入青春的舞曲，炎热的八月，同学们提前十多天就吹响了集结号，不知疲倦地忙碌，写脚本、画图纸、借服装、集装备。他们以"井冈山红色革命故事采写及艺术化演绎探索"为课题，以井冈山斗争史为蓝本，打造了一台集知识、趣味、艺术于一体的专场诗文、话剧和古典舞演出，这场演出广受好评。实践期间，"徽州红娃上井冈"的微博转载阅读量达34.8万人次。该团队最终在全国120所高校的实践团队中进入前35名，荣获国家级"优秀团队"称号。指导教师杨穆龙被评为"优秀带队教师"，4名同学获评优秀团队负责人和优秀学员。

文学院首次组建"生存体验"实践团队，学生们留下银行卡、现

81

金和父母师长的呵护，"身无分文"地走出校门。7人，自主生存15天，在这一过程中，他们懂得了合作、坚持与友善，更懂得了父母恩情的伟大。

一枝独秀不是春，百花齐放春满园。在重庆，云南红河，安徽滁州、芜湖、当涂、铜陵等十余地市，文学院学子挥洒汗水、探求真知、追逐信仰，用实际行动践行社会主义核心价值观的深刻内涵。

（3）立足"五四爱心学校"，接力以传承。

十年默默坚守，十年薪火相传。文学院以"五四爱心学校"为中心倾力打造爱心支教活动，更加关注乡村支教和农村留守儿童的情感陪护。校级重点团队赴毛尖山乡留守儿童情感陪护团队，17名志愿者住进17个留守儿童家庭，情感陪护30天，他们不仅用知识叩开了留守儿童求知的心窗，更用坚守谱写了一曲爱与责任的赞歌。院级重点团队赴云南景东支教团，连续两年长途跋涉2 000余公里，他们在偏远的大山里开起了英语课、唱响了音乐课。那些在父母眼里还是孩子的志愿者，在山里孩子面前，已经有铁一样的肩膀，扛起孩子通往未来的梦想。

学院另有17支分赴山东、河南、云南以及安徽阜阳、宿州等10余个地市的实践团队，新建续建支教基地，固化、推广支教成果。各团队将安全知识与生活常识的宣讲纳入教学计划，夏季防暑、出行安全、卫生防病、饮食安全等课程有声有色，让学生们学得好，记得牢。汇聚暖流，筹集爱心基金8 000元，资助贫困学生12人；募集图书5 000余册，援建共青书屋3个。

成效显著，反响强烈，高水平展示青春追梦力量

50支实践团队，千余名大学生，全国50个城市乡村，义务支教6 000多小时，发放问卷万余份，形成调查报告和征文1 500余份，捐款捐物20 000多元，文艺演出15场，图片展览、咨询、宣讲64场，

我们的青春
思想政治工作文学院学生巡礼(2012—2019)
安徽师范大学

新建、续建暑期社会实践基地 10 个，收到感谢信 41 封，锦旗 5 面，《安徽青年报》、《安徽商报》、《新安晚报》、《江淮晨报》、《阜阳日报》、《芜湖日报》、《马鞍山日报》、《大江晚报》、人民网、新华网、中国青年网、中国大学生在线等 300 余家媒体争相报道，社会各界交口赞誉。

中国梦，师大梦，青春梦，2014 年暑期，安徽师范大学文学院学子的青春在实践中闪耀，在成长中闪光，在追梦的路上，展示着文学院学子无限的力量。

*   *   *

4.安徽师范大学文学院 2018 年暑期社会实践总结

社会实践是大学生的第三课堂，也有人称之为行走的课堂。四月动员筹划，五月培训论证，七月授旗出发，九月总结提升。文学院 43 支暑期社会实践团队，本着分类实践专业化的目标，联动育人，让青春躬耕在实践大地。

扎根大地　感知的是时代脉搏

紧扣时代特点、地域特征、专业特色，深入基层、走进群众，让梦想深深扎根大地。改革开放四十周年，调研小岗村改革创新精神，聆听小岗故事。前往淮北调研一线矿工生活质量现状，从个体看全局，从小视角看大发展。扶贫更扶志，组织"我和 2035 有个约"，和祖国共奋斗，与时代同呼吸。成立临时党团支部，大学生党员对话小小少先队员。建校九十周年，聆听岁月中的安徽师大，将校友访谈录《奋斗的青春最美丽》补充完整。或是一句话、一个人，或是一个故事、一段青春，实践的过程即是感知的过程。

深度体验　探寻的是民族文化

文化学习是学院别具一格的实践类型。探访桑皮纸技艺；采访宣

83

纸工匠毛胜利；近距离接触皮影文化，编创作品《皮影记》；主题剪纸献礼改革开放四十周年。前往苏州昆剧院学优雅昆腔，访山东龙山文化学黑陶工艺，对接庐剧团梳理唱词文本，寻访吴敬梓家乡新编儒林故事。创新性地将调研成果应用于支教团队，试点建立徽文化课堂，项目获安徽省青年志愿服务项目大赛金奖。实践队员排演节目《牡丹亭选段》，赴安庆黄梅剧院参加全省大学生"戏曲进校园"，衍生双创项目一项。实践不是走走逛逛看热闹，而是非遗文化的历史温度，工匠精神的世代传承，实践的过程即是研学的过程。

接续奋斗 坚定的是专业志向

汉语言文学（师范）专业将爱心支教作为教学技能的小试牛刀。采访坚守讲台三十载的乡村教师，感悟师德师风。开设趣味语文课堂，名著引读，绘本教学，创新教学方法。延续五四爱心学校10余年支教传统，依托社区接续服务。连续5年前往云南、广西帮扶少数民族学生，开设语文素养课堂，深化支教内容。

在2017年的基础上，戏剧影视文学专业团队紧扣专业特色，前往影视城做群演，当编导，台前幕后，体验从剧场演绎到剪辑制作的专业实践过程。秘书学专业团队前往档案馆进行实践活动。汉语言文学（非师范）团队赴肥东县文广新局玩转汉语言。实践是社会对人才培养质量的评估和检验，第一次走上讲台，第一次接触社会，实践的过程即是了解自己、了解职业的过程。

聚力发声 传递的是青春能量

社会实践是考验网络素养和能力的绝佳平台。安徽师范大学2018年三下乡社会实践发稿量在教育部中国大学生在线高校社会实践排行榜中位列全国第三，在中国青年网位列全国第三。

文学院实践活动被国家级网站报道647篇次，被省级以上网站报道1 085篇次，《大江晚报》刊登3次，被《安徽青年报》、《淮南日报》、阜阳广播电视台等官方媒体采访报道。微博总阅读量113万，微信推送580余篇，阅读量11万余人次。1支团队入围"全国百强传播力团队"，4支团队分获全省大学生风采展示第三名、"十佳创意团队"等荣誉，多项作品入围团中央"千校千项"优秀成果遴选。涌现出中国好网民叶诗平、阜阳市颍州区青年宣讲团成员刘畅等学生典型。传播青春好声音，传递青春正能量。

实践设计课程化，实践成果项目化，实践育人常态化。文学院新建实践基地2个，续建7个。2018年夏天，600余名师生用饱满热情在纸笔交融中诉说纸短情长，在爱心护航中收获共同成长。青春大学习，奋斗新时代，归来再出发。

＊　　　＊　　　＊

5.安徽师范大学文学院2019年暑期社会实践总结

"幼而学，壮而行。上致君，下泽民。"七月的清晨，苏州德善书院传来琅琅书声。孩子们似懂非懂地点点头，但文学院的志愿者们读懂了它的含义。2019年暑假，安徽师范大学文学院社会实践团队以出色的表现完成了社会实践活动。

精心组织，"四个到位"展现实践新气象

（1）行有纲，秩有序，组织谋划到位。

全方位动员，成立临时党、团支部，举办启动仪式，发挥组织力量；全员安全保障，购买保险，专题教育，签订责任书，执行日报制，保障零事故；全过程培训，邀请专业教师开展调研培训、新闻培训，优秀团队分享交流。

（2）教有方，效有法，教师指导到位。

配备30名实践导师，构建师生实践共同体；思政教师引领思想，专业教师培训技能，实践导师对接基地；指导教师跟队实践，党政领导及专业负责人奔赴池州、黄山等地慰问指导近10次；召开师生座谈会，共话"自找苦吃"，组织结项汇报会，指导团队固化成果。

（3）内有章，外有援，实践支持到位。

新建实践基地3个，续建7个；提供经费保障，争取基地支持和社会化运转资金21万余元；阜阳团市委等30余家单位倾力相助，10余位校友大力支持。内外联动，保障长远发展。

（4）承有道，卓有效，团队组建到位。

学生自主准备教材教案、筹备物资、现场考察，经过前期准备、立项答辩，方案再优化，587名学生，组建47支团队，授旗出发。

点面结合，"四个+"开创实践新模式

（1）接续不断线，"日常+专项"机制更长效。

五四爱心学校十二个日常支教社区承接七支实践分队，100名志愿者，千余名学生，让爱心支教不再是"短期体验"。

书香泾县，三年传承，纵深传播红色文化；青春孝行，四年接续，让"明年再见"一一兑现。

（2）方法不单一，"专业+社团"内容更丰富。

汉语言文学专业团队协同三大社团，江南诗社特色课堂紧扣时代热点；赭麓书画深情回望建社四十周年；德雅书苑徽文化课堂持续发挥品牌效力。秘书学专业团队携手江淮秘书社，走进档案馆，锤炼秘书实务；戏剧影视文学专业团队联合太阳话剧社，探寻凤阳三花，保护国家非遗；汉语国际教育专业团队对接汉语桥协会，讲好中国故事，促进跨文化交流。

（3）课堂不封闭，"互联网+育人"体系更多元。

实践与文化育人有效结合，二、三课堂联动运行。繁昌剪纸团队携手社区，七十幅文化作品，献礼祖国；走访老兵，理论宣讲，让爱

86

国教育深入课堂。

实践与网络育人有效衔接,三、四课堂相辅相成。自主开发汉字学习软件,寓教于乐;搭建宣传阵地,微信发布590篇,浏览量超10万人次,微博发布931篇,浏览量超39万人次。

（4）学用不脱节,"调研+支教"成效更突出。

支教、调研双管齐下,将调研的所思所学,化为课堂所用所教。彩云之南访风情傣族,再将调研带入深山支教点;"国风印象"调研非遗九华民歌,邀请传承人现场教学,将家乡文化带到孩子身边。

共同发展,融入式成长推动实践新高度

文学院实践团队探寻校刊视角下院史发展变迁,编校的《岁月不居》一书已经出版;助力学院完成教育部"三全育人"综合改革试点中期评估;赴马来亚大学暑期研学,促进校际交流。

发挥专业优势,完成教育部基础质量监测语文阅卷任务;联合兄弟学院开展培训,助力安徽师范大学在教育部中国大学生在线、中国青年网发稿248篇次,发稿量位列全国第一与全国第三。

实践学生奔赴32个城市乡村,义务支教4万多小时,形成教育札记、调研报告1 600余份,捐赠物资价值9 000余元。5人赴基层挂职锻炼;收到政府感谢信6封、锦旗5面,赢得广泛赞誉。

入围全国百强实践团队1支,国家级专项团队2支,团中央创青春风采展示团队3支,申报安徽省十佳创意团队1支;媒体报道1 328次,其中,人民日报社、安徽卫视等官方媒体关注报道。

文学院社会实践团队还结合新生入学教育组织优秀实践团队展示,不忘初心,薪火相传,让行走的第三课堂助力成长,让青春之花绽放在实践大地。

（二）志愿服务特色项目介绍

1.中华优秀传统文化"德雅"传播计划（项目荣获第四届、第五届中国青年志愿服务项目大赛银奖）

女德班屡禁不止，国学外衣饱受争议，传统文化的传承问题一次次被推上风口浪尖。到底什么是优秀传统文化？如何学习和传播传统文化？怎样正确地学、有效地传、创新地用？带着这样的思考，"德雅"传播计划应运而生。

中华传统文化博大精深，包罗万象。我们于2014年11月发起项目，从中选取和聚焦，以自身所在的皖南地区地域文化为切入点，借助高校师范优势，立足社区办课堂，办活动，做宣传，针对中小学生群体，主要从精神内涵、传统技艺、演绎方式入手，围绕传统文化学、传、用三个方面展开。将文化转化为需求，探索青少年喜闻乐见的传播方式。

学文化，文化输入专业化

平台招募，专业培训，我们有数量丰富且专业对口的大学生志愿者。立足诗学研究中心和中华传统文化研究院等国家级平台，聘请校友上海江东书院院长韩可胜、"缂丝团扇"非遗传承人李晶等为志愿导师，为文化传播专业化奠定基础。

传文化，文化输出多元化

为充分发挥师范生教学优势，并尽力保障大学生志愿常态化，我们与芜湖各社区形成长期合作关系，打造日常、周末、专项"三维课堂"。日常课堂，延展文化学习。线上线下，融合语文教学，传播古典文化；周末课堂，培养专项技能。建立基地，开展书法、剪纸、吟

我们的青春

安徽师范大学文学院学生
思想政治工作巡礼(2012—2019)

诵等文化体验课程，举办作品展演，提升应用能力；专项课堂，致力文化传播。走出去延展地域范围，"文化+调研""文化+支教"，邀请传统文化导师、非遗传承人进学校、进社区，近距离感受传统文化的魅力。走出国门，汉语国际教育专业志愿者海外教学，输出文化成果，讲好传承故事。

用文化，文化创新时代化

项目成员关注社会热点，同时结合节气、传统节日等，采用现代化演绎的方式，形成系列原创文化产品。防疫期间，德雅志愿者居家服务，创作文化作品，线上举办"致敬逆行者"主题剪纸展览会，原创抗击疫情诗作《战疫赋》等，多形式、多角度，为振奋中国精神贡献德雅力量。

项目形成"育人+反哺""互联网+文化"的志愿服务模式：

（1）育人+反哺。

"育人"即服务中小学生学习传承优秀传统文化，"反哺"即提升大学生志愿者文化素养和教学技能。大学生既是学习者和受益者，又是服务者和传播者。

（2）互联网+文化。

依托互联网，采用线上直播和课程录制等方式，克服时空局限，创新文化输入和输出模式。同时，利用两微一端新媒体扩大宣传，提升项目影响力，固化项目成果。

截至目前，项目共有在库志愿者1 700余名，累计志愿服务时长近10 000小时，服务6 000余人次，开展传统文化教学课堂600余讲。与繁昌老年大学、芜湖市青年书法家协会、全国高校国学联盟、易舍传媒、鸠兹古镇等达成合作关系，在安徽芜湖、阜阳等地区建立55个授课点，12个传统文化实习基地。项目获得校文化建设优秀成果一等奖，参加教育部"礼敬中华"优秀传统文化系列成果征集。中国教育报《优秀传统文化这样"圈粉"》专题报道，各类新闻媒体累计报道400余次。项目谋求可持续发展，利用联展义卖、双向合作的方式盘活资源，如和江东书院合作，获得出版物安徽地区独家代理权，维持项目基本运转，促进团队自给自足。

"德雅"传播计划始于初心，忠于使命，我们将以传统文化为窗口，通过校际、校地合作，立足地域特点，紧扣时代脉搏，不断壮大德雅志愿者队伍，让传统文化持续"圈粉"。

＊　　　　＊　　　　＊

2. "爱不单行"社区单亲儿童一对一亲情陪护志愿服务项目（项目荣获安徽省第五届志愿服务项目大赛一等奖）

这个爱笑的女孩儿叫糖糖，今年是她在五四爱心学校第3年，她不爱说话，最大的爱好就是安静地在角落里看书。一次"心语"交流会上，糖糖对我说："姐姐，我的妈妈很久没有回家了，她好像有了新的家……"原来，糖糖的父母在她很小的时候就离异了，她的妈妈去了外地，组建了新的家庭。

在安徽师范大学五四爱心学校的支教社区中，还有许多像糖糖一样的单翼天使，他们或许因父母发生的情感冲突而陷入自责，或许因家庭的不完整而变得敏感，又或许因缺少父母的陪伴而封闭自我。正因如此，"爱不单行"社区单亲儿童一对一亲情陪护项目把目光聚焦在芜湖市单亲家庭儿童群体，以全方位的亲情陪护助力这群单翼天使更好飞翔。

校社联动，家校互通

那么，我们要如何实现服务对象的精准摸排呢？我们选择联手芜湖市各支教社区，根据社区调研反馈数据，精准定位服务对象，并在全面了解、深入分析服务对象的实际情况后制定个性化成长方案。目前，我们已与五四爱心学校在芜湖市各社区设立的12个教学点、5个儿童陪护实践基地、3个大学生感恩教育基地成功对接，真正实现校社联动，家校互通。

专业对接，保障资源

完善的服务项目需要保障志愿者的专业性和稳定性。我们以师范类院校的青年大学生为依托，以服务对象需求为招募标准，建立志愿者库，并与安徽师范大学心理健康中心对接，为全体志愿者提供专业的心理培训，保障志愿者的专业性以及资源的稳定性。同时，建构合理化招募流程，通过资格审核、情景模拟等环节进行筛选及培训，并要求志愿者在熟悉服务对象情况的基础上进行试讲交流，最终完成1对1匹配，实现志愿者与服务对象的双向选择。

情感陪护，多措并举

在项目体系上，团队运用新媒体手段创立教育共享平台，拓宽情感陪护渠道，建立反馈机制，做到家长与社区有效沟通。建立学生档案，横、纵双向结合，追踪学员发展变化。以类似于公共课和选修课的体系，一方面设立"心灵树洞""VR亲子馆""课业辅导"等面向所有服务对象开设的公共项目，充分发挥能动性补充陪护；另一方面设立由志愿者课前与学员先沟通，后根据学员当下需求所策划的专项活动，如针对单亲家庭孩子在成长过程中遇到的心理、生理方面的困惑开展专项辅导、交流，保障陪护服务精准性。

成果丰硕，影响广泛

如今，项目已引起了广泛的社会效应。项目事迹受《人民日报》《中国青年报》等40余家主流媒体深度报道；获安徽省"道德基金""圆梦基金"资助；拥有"一对一"周末爱心课堂、公益道德讲堂、五四爱心基金等体系完备的志愿服务子项目。带动7 800余名大学生参与志愿服务，受助学生达6 800多人，累计志愿服务时长达63万小时，我们用一次次真诚陪伴，守护单翼天使的成长。

三年的陪伴与守护，如今的糖糖总是能用那张纯真的笑脸去温暖身边的人。在最近的一次"绘心"课堂上，糖糖向我们展示了她的作品：画纸上，妈妈带着糖糖在快乐玩耍。如今，越来越多像糖糖一样的单翼天使在"爱不单行"社区单亲儿童一对一亲情陪护志愿服务项目中受益，我们也将继续用爱为他们筑就隐形的翅膀，用心陪护，让爱不单行。

*　　　*　　　*

3."青春孝行"：推广家风文化志愿服务项目（项目荣获安徽省第五届志愿服务项目大赛二等奖）

什么是好的家风？近年来，随着社会对道德教育的重视，越来越多的人开始思考这个问题。为了寻找答案，我们踏上了一场通往乡间的家风文化之旅。志愿者们选择的第一站是安徽阜阳，一个拥有全省六分之一的人口，三分之一的农民工和四分之一的留守儿童的地方。在这里，孩子和老人是乡村文明建设的主力军，因此我们把推广孝老爱亲的家风作为第一个小目标。

2016年开始，我们为留守儿童家庭开设德育课堂，在这里为他们讲家风、树家风、传家风。因为青春，因为对推广家风文化的执着，我们把它称为"青春孝行"。

"青春孝行"讲家风。我们改变以往只针对学生进行教育的方式，让家长一起参与到课程中来。一方面通过丰富多彩的课程宣讲优秀的家风文化。另一方面把课堂搬到室外，用游戏的方式拉近家庭成员之间的距离。"青春孝行"树家风。项目把孝亲作为树立家风文化的切入点，通过寻找孝心少年，编写人物事迹，为孩子们树立身边的家风榜样。"青春孝行"传家风。项目利用微信等新媒体的优势，推广家风事迹和孝德故事。打造自主品牌青孝TV，衍生文创产品青小孝，向更多的留守儿童传递家风。

乡村需要榜样，更需要这片泥土中诞生的榜样。在项目发展过程中，我们逐渐形成了"课堂培育—树立榜样—传播事迹—回归课堂"的服务模式，让孝心少年讲自己的故事，影响更多孩子，以期实现乡村自身精神的循环造血。项目也在社会的帮助和政府的支持下建立起属于自己的品牌优势。"志愿+专业"：师范类院校的教育优势，接受优质的文化课程，我们的志愿服务更专业。"志愿+反哺"：志愿者的招募突出生源地需求，60%的核心成员来源于服务地，保障志愿团队的传承接续，使志愿者来自家乡又能反哺家乡。"志愿+协作"：为了解决常态化服务的问题，我们在当地成立了德育基地，由校企地共同建设。学校保障志愿者的专业化和专项化，地方志愿者负责日常服务和档案管理，企业则提供基地建设和物资供给。

项目开展五年，我们为受助群体带来了影响和改变。五年前的同喜，是胡庙小学四年级的一位学生。爷爷年迈，奶奶患病，家中一贫如洗。爷爷常年佝偻着的背，像被压弯了的麦子，而同喜小小的身躯则撑起家里的重担。现在，同喜获得了胡庙小学优秀毕业生，升入了初中，即将面临中考。但他每年放假还会来到志愿者们的身边，和更小的孩子讲述自己的故事。他的家庭有过不幸，但越来越多的家庭却记住了这个寓意美好的名字。除了同喜，还有朋朋、雪惠、曼玉、小蝶……五年时间，我们建立了两个德育基地，开设了孝亲课程630余节。走访了两个乡镇、16个村庄、260个留守家庭，为32个孝心少年、孝心媳妇和最美家庭编写了人物志和家风档案，传递产自当地的家风故事，获得社会的关注和认可。

为了促进项目的良性发展，我们未来计划发掘更多的优良家风，为留守儿童树立正确的道德观念。"家风是国家发展、民族进步、社会和谐的重要基点"，我们的项目还很年轻，但是我们希望通过"青春孝行"去发现更多的家风榜样，让户户温馨，家家同喜。

六、学生优秀实践心得、感悟选录

（一）再赴一场与你的盛夏之约

我们的约定

"姐姐，你明年还会来吗？"

"当然会啊。"

2018年7月，我第一次来到铜陵，第一次和福利院的孩子们见面。这个夏天，我再一次来到了铜陵市儿童福利院。

5月份的时候，我来到铜陵与福利院的工作人员商讨社会实践的具体内容。按下门铃的时候，我听见了孩子们熟悉的声音。他们以前听到门铃响起，总会很快地从房间里跑出来。没有门卡，他们没办法自己开门，我也没办法进去，我们只能隔着一层玻璃门相互喊话。

"你们什么时候来呀？"小周隔着玻璃问我。

"7月份！"

看他露出失落的神色，我安慰他说，时间过得很快，我们很快就来了。的确，两个月的时间恍然而过，再次见到他们，我的心情是忐忑的。因为今年的实践，是兑现过去的诺言，也是一个实践团队和孩子们新的开始。

约定之日到来

7月8日，约定之日到来，我来到了铜陵。福利院的孩子们都长高了不少。实践第一天，面对新的实践团队成员，孩子们刚开始显得有

我们的青春

安徽师范大学文学院学生
思想政治工作巡礼(2012—2019)

些抵触，他们总是向我提起去年的队员。但是，经过一上午的"破冰"乒乓球比赛，孩子们终于和大家亲近了起来。

孩子们最喜欢打乒乓球，我们便举行了一场乒乓球赛。小志今年9岁了，是这次福利院参加实践中最小的一个孩子，但他在球场上的表现对比大孩子也毫不逊色。他在球桌旁敏捷地移动，不论是旋球还是切球，他都能迅速准确地接住。

我不会打，但是看着他们玩得不亦乐乎，也不禁心动了起来，于是我也拿起了乒乓球拍，参与进了这场热闹的比赛。在这之前，我从未正式拿过乒乓球拍，于是我便问小朋友们球拍的红色面和黑色面有什么不同。他"嫌弃"地看了我一眼，让我不要"拖后腿"。我只能略显尴尬地远离了乒乓球桌。

不过，孩子们都带着一些"傲娇"属性。他们嘴上怼你，但心里其实并没有恶意。被"驱逐"出比赛以后，我只好靠在旁边观战。大概我的失落都表现在脸上了，小志便走过来，拿走了我手里的乒乓球拍。"红色的这面光滑，弹性大；黑色的这面粗糙，弹性小。"说完他把乒乓球拍塞给了我，还说要和我PK，让我好好看一看他的"英姿"，我不禁笑出声来，孩子总归是孩子。

来年再赴盛夏之约

今年是我第二次来福利院，虽然我有很多想去的地方，也想在新的一年换一个地方，换一个队伍实践，但是孩子们不像大人那样健忘，你承诺过的事，他们总是会不动声色地记在心里，满心期待，等你兑现。你大可以在离开他们的日子里反悔，推翻原来的承诺，那于你没有任何损失。但是你无法预料你的失信会给孩子们造成什么样的影响。这件小事，他们可能会记很久很久。

上次离开福利院时，我曾答应一个孩子给他寄一封信，但是信终没能寄到那孩子手上。他以为我没有遵守诺言，忘记了给他寄信的事，所以实践开始的时候，他一直没有和我说过话。这不过是一件小事，但是孩子们在意。我很高兴自己遵守了上个夏天同他们许下的约定。

实践结束回到酒店的时候，队里的学妹和我说，她觉得这些孩子们真的很可爱，不仅可爱，还让她学会了很多东西。她说，明年她还希望能来铜陵和福利院的孩子们待在一块儿。去年的我之所以决定第二年继续来福利院，也是因为这些孩子打动了我，我们的实践队伍也正是这样传承了三年。

我很高兴，因为我知道来年将会有下一个人来赴他们的盛夏之约，孩子们永远不孤单。

（本篇文章摘自2020年2月26日中国青年网，通讯员程丽芳当时系安徽师范大学文学院学生）

（二）打捞落下的阳光

把自己的欢欣放在微小的事物里，永远也不剥夺属于每一天天然的财富，这也许是今天的我，在跟随安徽师范大学"志愿进社区，印象长三角"实践团队进入芜湖红梅社区第四天，得到的最大的感触。

一个少年的来与去

芜湖预告多日的夏雨，终于在今天降下，那时我刚刚送走上午来上课的孩子，回到教室，队员们三三两两地分散在此刻显得有些空旷的教室，大家都有些疲倦，沉默着没说话，雨点拍打地面的声音便显得格外清晰。衬着雨点的我的心情也有些低落，仿佛长跑的人到了中途，实践活动过半，我想家的情绪突然前所未有的浓烈。如果不参加社会实践活动，我现在应该已经到家了吧，这样的想法不禁涌上心头，挥之不去。

"匡匡匡……"，门口突然传来了一阵响声，王天材小朋友风一样地跑了进来，我正好坐的靠近门口，便出声问他："吃过饭了吗？"孩子重重地点了点头，我一时有些愣住了，11：33，离我们上午放学刚过去了三十三分钟，孩子是不是想回来拿忘了的东西，但只见他径直走到教室右前方的位子上坐下，之后就静静地坐着，既不说话，也没有多余的动作。我心里有点奇怪，怕孩子有什么事，又上前问他"你午觉睡了么？"孩子抬头害羞地笑了笑，说道："老师，我不睡午觉的，我过来做作业。"

我心里一时五味杂陈，我是那么想回家，这孩子却迫不及待地从家赶到我们支教的教室。作业，哪里不可以写呢？家里也许还更方便些，33分钟，大概饭碗放下都没能歇上一刻。虽然疲倦，虽然想家的情绪很浓烈，但我们在这里和孩子说的话，给孩子上的课，对他们来说的意义可能是我们想象不到的。那种未言明的意义，让小小的孩子甘愿在暑热的包围中不辞辛苦地来回奔波。

一个西瓜的凉与暖

下午的课就快开始了，我和团队的陆玉着手整理教室，却突然发现讲台下的角落里，一个被窗帘遮住了的西瓜。一番询问之下，队员们都显得很困惑，谁也不知道这个西瓜从哪来的。

直到下午的课间休息，社区的志愿者黄伟琪爷爷带着水果刀匆匆走进教室，大家才恍然大悟。几天的实践活动，如果说最辛苦的人，其实不是任何一个队员，而是今年已经78岁的黄伟琪爷爷，他跑前跑后，小到一页登记表，大到一张课桌，事事操心。我们也都习惯了，有什么事，总是去找黄爷爷帮忙。看着黄伟琪爷爷有些佝偻的背，再看看角落里那个一看分量就不轻的西瓜，我禁不住眼睛一阵酸涩，匆匆低下了自己的头。夏日的西瓜带给人的原本是清爽的凉意，黄伟琪爷爷的这个西瓜带给我的却是一阵温暖的热流。

所有我得到的都是幸运

　　最初参加志愿活动,我对一切可能遇到的问题都做了心理预设,也做好了吃苦的准备。在一片奉献的热忱中,所有的困难在想象中都变得微不足道。活动实际开展过程中,从想象到行动,之前的很多预设立刻失去了前提。会有疲倦,会有挫败,会想家。我想这是许多参与社会实践的青年都会遇到的情况:热情很大,实干时却很难一以贯之,坚持到底。

　　我多么庆幸,我来到了红梅社区,来到了这些纯真的孩子中间,来到了为社区义务服务近二十年的黄伟琪爷爷身边。当我疲倦想家时,这些孩子总能让我相信,我此刻在红梅社区这间小小教室里的存在是有意义的。当我怀疑动摇时,我就看看爷爷穿梭在教室里忙碌的身影,他身材并不高大,却像一棵遮风挡雨的大树,守护着满教室的孩子,也守护着我奉献自己的初心。就如同爷爷说过的一句话:"做好事容易,难的是一直做好事。"我们青年志愿者也应记住:"奉献自己容易,难的是坚持到底。"

　　(本篇文章摘自2019年8月14日中国青年网,作者陈联舒当时系安徽师范大学文学院学生)

第三篇章　奋斗的青春最美丽

广大青年要培养奋斗精神，做到理想坚定，信念执着，不怕困难，勇于开拓，顽强拼搏，永不气馁。幸福都是奋斗出来的，奋斗本身就是一种幸福。

为实现中华民族伟大复兴的中国梦而奋斗，是我们人生难得的际遇。每个青年都应该珍惜这个伟大时代，做新时代的奋斗者。

——习近平2018年5月2日《在北京大学师生座谈会上的讲话》

一、集体典型

(一)安徽省文明单位创建优秀品牌：五四爱心学校

五四爱心学校，成立于2004年，旨在发挥师范生专业技能优势，为芜湖市家庭经济困难的中小学生提供无偿课业辅导，让穷孩子享受免费家教。五四爱心学校自创建至今带动、吸引了几千名大学生志愿者的加入，志愿者们利用周末、节假日、寒暑假等课余时间为贫困中小学生送去无偿课业辅导，志愿服务从芜湖扩大到全国；志愿服务的内涵开拓创新、与时俱进，持续衍生出五四爱心学校周末爱心课堂、公益道德讲堂、留守儿童情感陪护计划和五四爱心基金4个体系完备的志愿服务子项目，服务内容涉及中小学生课业辅导、心理咨询、美德教育、无偿捐赠等多个方面。

经过十几年的实践探索，五四爱心学校现建有13个教学分校、5个留守儿童亲情陪护实践基地和2个大学生感恩教育基地，建立了较为成熟的志愿者选拔、培养培训课程体系，建立健全了较为完备的大学生志愿服务激励机制和志愿服务管理制度，逐步探索出了一条适合高校志愿服务活动发展需要的志愿服务长效机制。

目前，该项目已被《人民日报》、《中国青年报》、中央电视台、安徽电视台等40多家省级以上媒体关注报道，荣获2015年首届中国青年志愿服务项目大赛银奖、2014年安徽省文明单位创建优秀品牌、安徽省"精神文明十佳事迹"（2次）、2006年安徽省青年志愿者先进集体、2010年"感动江淮"志愿服务先进集体、2006年芜湖市家庭教育工作先进单位、安徽师范大学"感动师大"校园精神文明十佳事迹（2次）等荣誉，获得安徽省道德建设项目首批资助。

薪火相传：五四爱心学校发展概况

爱心缘起——五四爱心学校的筹备。课外家庭辅导已逐渐成为中小学生提高成绩的重要途径。但对于一部分"蜗居"在城市边缘地带的普通家庭中一些同样怀有梦想的贫困孩子来说，家教仍旧是一种奢望。本着为贫困学子送去帮助和鼓励的初心，安徽师范大学的青年学生联合成立了爱心助学组织——五四爱心学校，为家庭贫困的孩子送去学业上的辅助和心理上的疏导，让他们能够健康、自信、乐观地成长成才。2004年10月，2003级汉语言文学专业的吴青山等同学着手创办了全市性的爱心家教组织——安徽师范大学五四爱心学校。

爱心起航——五四爱心学校的成立。2004年12月，在20余名志愿者的共同努力下，五四爱心学校首个教学点在芜湖市红梅社区成立。20余名因经济原因请不起家教的贫困学子开始拥有了一份免费家教，拥有了自己的课外学校。

每周的志愿服务是艰辛的，但志愿者们始终坚守着自己的承诺，没有人退缩，没有人放弃。他们坚持在每个周末为社区孩子带去义务家教，用实际行动践行着当初的誓言。这种坚持与奉献的精神，也成为五四爱心学校核心的力量，将所有志愿者连接在一起。

爱心接力——五四爱心学校的发展。2005年，更多的志愿者加入了五四爱心学校，也有越来越多的家长和孩子希望得到五四爱心学校的帮助，五四爱心学校向市民发出了"共建爱心学校，构建和谐芜湖"的倡议，受到了广大市民的热烈响应。2006年，五四爱心学校在六一儿童节举办了"金色六一，放飞梦想，传递爱心"大型文艺活动，并举行了大学生志愿者宣誓和主题为"传递爱心，传授知识，共建爱心学校，构建和谐芜湖"的万人签名活动，在市民中引起了强烈反响。越来越多的人希望加入五四志愿者的行列之中。至此，五四爱心学校已初具规模。

2004年以来，在芜湖市、安徽师范大学等各级领导的关心和支持下，五四爱心学校在芜湖市的教学点不断增加，现已拥有十几所分校，分别设在芜湖市红梅社区、团结东路社区、花园社区、上水门社区、赭麓车站社区、大富社区、申元街社区、青山街社区、东门社区、荆山社区、殷家山社区、体育场社区、园丁二区。每学期固定辅导贫困学子近600人。

2010年，志愿者通过问卷调查了解到他们帮扶的部分学生因家庭经济困难，生活十分拮据，便开始在大学校园里建立了"五四爱心基金"，收集废品、整理废旧书籍等，筹集首笔爱心基金万余元，全部用于资助贫困学子读书。目前，爱心基金已成为爱心助学的重要项目，发挥着"雪中送炭"的作用。

爱心远航——五四爱心学校的拓展。为了进一步扩大五四爱心学校的服务面和社会影响力，号召更多的人参与到爱心奉献的行列中来，2009年暑假，五四爱心学校首次走出芜湖，组建了8个支教团队，奔赴四川大竹，安徽宁国、金寨、宿州、繁昌等地的山区乡镇、革命老区、工矿厂区进行义务支教，支援农民工子女教育，并在岳西等地建立了暑期实践长效基地。2009年以来，五四爱心学校先后组建了70余支暑期支教团队，走进农村，深入社区，支教惠农，建立"留守儿童陪护计划"。

五四爱心学校始终关注着农民工子女的教育问题，组建"关爱农民工子女"小分队，深入农民工家庭，走访调查农民工子女的学习生活情况，开展"一对一"帮扶，组织开展多样文体活动，为农民工子女的健康成长保驾护航。同时，志愿者捐钱、捐物、捐书，建立"农家书屋""校园图书站"，在物质和精神上给予他们双重帮助。

贴近实际：五四爱心学校的志愿服务体系

经过十余年的探索与发展，五四爱心学校现已形成了4项完备的志愿服务体系和品牌项目。

知识陪护，持续开展周末爱心课堂。在五四爱心学校已有经验的基础上，联合镜湖区、弋江区等辖区内的社区管委会，共建周末爱心课堂。结对为城市留守儿童、进城务工农民工子女等提供无偿家教服务和心灵导航。

道德陪护，倾力打造公益讲堂。立足芜湖、辐射全省，将公民道德建设、普法教育、中小学生安全教育、传统文化宣讲等融入爱心课堂，为孩子们的梦想传递道德正能量。

情感陪护，拓展乡村七彩课堂。在现有实践基地的基础上，建立留守儿童亲情陪护实践基地和大学生感恩教育基地，组织大学生志愿者走进山区乡村留守儿童家庭，每年提供不少于30天的亲情陪护，让农村留守儿童在生活、心理、情感等方面得到更多关爱。

汇聚暖流，共建五四爱心基金。吸引、号召更多社会爱心人士、爱心企业投身贫困学生的关爱工作，充实壮大五四爱心基金，为更多面临失学的贫困学生提供帮助。五四爱心基金先后获得安徽道德建设基金会、安徽电视台等机构，香港宝文实业等企业，以及众多爱心人士的捐资。

共享共赢：五四爱心学校的工作成效

贫困学子的学习园地。十二年来，五四爱心学校从最初的首个教学点芜湖市红梅社区，迅速在芜湖市各主要社区衍生出十几个教学点，在江城掀起爱心教学的志愿热潮。至今，受教的贫困学子已累计5 500余人次，受教学生在课业辅导、心理健康辅导、美德教育的沐浴下快乐学习，健康成长。这里逐渐成了市区贫困学子、进城务工农民工子女愿意来、待得久、学得好的成长乐园。

很多学生在这所学校里一待就是三年。不少学生在志愿者的帮助下，考取了高中，走进了象牙塔。谈及在五四爱心学校的学习收获，他们无一不充满着怀念和感激，很多学生表示长大以后"要像大哥哥、大姐姐一样，成为一名志愿者，去帮助更多需要帮助的人"。

青年学子的社会课堂。服务社会，提升自我，社会实践是青年大学生成人成才的重要课堂。十二年来，来自安徽师范大学、安徽师范大学皖江学院、安徽工程大学等多所在芜高校的青年大学生走进了五四爱心学校的课堂，他们在这里将专业所学化为专业实践、不断提升自身素质与技能，并在服务他人的实践中坚定理想信念。五四爱心学校已成为众多青年学子拓展学习、了解社会、服务社会的重要课堂。

五四爱心学校的全体志愿者在实践中历练、在奉献中成长，涌现出学校十佳大学生、十佳自强之星、十佳志愿者、优秀学生干部标兵、优秀共产党员、优秀团员、优秀毕业生等一大批先进典型。谈及成长的感悟，他们无一不深情回忆过往的志愿经历。青年志愿者们用坚持和奉献展现了当代青年拼搏进取、开拓创新的精神风貌，彰显了当代青年的爱心和责任心，是社会主义核心价值观的践行者。

青春风采的展示窗口。五四爱心学校的先进事迹引发广泛关注，《人民日报》、安徽电视台等40余家省级以上媒体累计报道100余次；五四爱心学校先后获得多项荣誉；学校的创办者之一吴青山同学也因十年如一日的坚持，先后获得中国青年五四奖章、全省优秀共产党员等荣誉称号。

志愿精神的传播高地。若说五四爱心学校成立伊始还带着些许年少的冲动，那随后一批批志愿者的接力、一个个教学点的建立、十年如一日的坚守，则是内化于心的志愿精神的引领。志愿者们更用行动让"奉献、友爱、互助、进步"的志愿精神落地生根，在芜湖市精神文明中，他们有效联动了市关工委、团市委、市妇联对城市留守儿童、城市特困家庭的关心关注；在岳西县毛尖山乡留守儿童之家建设中，他们有效推进了农家书屋、留守儿童亲情之家的发展；在学校志愿服务常态化发展过程中，他们率先垂范，引领了学校一批志愿服务类社团的兴起与规范发展。

规范精准：五四爱心学校的实践经验

注重问需于求，确保志愿服务输出精准到位。五四爱心学校是在社会转型期，大量城市下岗职工涌现，家长忙于生计，无暇顾及子女教育问题的特殊时间里，为城市经济困难家庭"量身定制"的志愿服务项目，即利用大学生志愿者周末、寒暑假等课余时间为社区家庭经济困难的中小学生提供"一对一"的无偿课业辅导。十几年的实践探索中，五四爱心学校始终坚持与时俱进。每学年初，组织志愿者开展"志愿服务需求连连看"的走访调研活动，及时、准确地掌握受助社区、家庭、学生的实际困难和需求，科学规划志愿服务内容。每学年末，以开展受助学生家长会、学生成长记录分析会等方式，依据实践开展情况，及时调整下一年度服务内容。根据社会需求，五四爱心学校已由初期"一对一"课业辅导的单一服务内容，扩展至目前四项较为成熟的志愿服务子项目。

注重制度建设，保障志愿服务输出质量专业化。五四爱心学校始终把志愿服务专业化作为发展目标，为保障志愿服务的高质量和专业化，在实践的基础上逐步完成了《五四爱心学校志愿服务章程》《五四爱心学校理事会工作方案》《五四爱心学校教师公约》《五四爱心学校学生手册》《五四爱心学校工作日志》《五四爱心学校一对一帮教制度》《五四爱心学校志愿者学分认证细则》等规章制度体系的建构。

同时，注重在实践中将相关制度落地生根。比如：在解决大学生志愿者的可再生方面，利用自媒体优势，动态管理志愿者信息库，以年度为时间跨度，开展新志愿者招募和团队管理干部的选拔任用；以学期为时间节点，举办新志愿者培训班、志愿者骨干培训班，不断提升志愿者服务质量与专业化水平；以月考勤为依据，及时劝退服务态度差、服务时间不达标的志愿者；以微博周总结的方式，及时总结，表彰优秀。在服务内容方面，注重学以致用，充分发挥志愿者专业知识和师范生教学技能优势，并根据学生学情变化，及时调整"一对一"帮教志愿者，较好地解决了志愿服务输出与需求相互匹配的问题。在激励机制方面，注重精神和物质双重奖励，适时开展志愿者注册登记、年度优秀志愿者评比表彰和优秀志愿者先进事迹宣讲会，将志愿服务时长及服务质量纳入学生素质拓展学分，及时登记认证，保持大学生志愿者的内生动力。

注重共享发展，赢得多方参与支持。五四爱心学校经历了"自下而上"到"上下联动"的发展历程。在服务过程中，得到了社区家长和学生认可，并赢得了学校和地方政府的参与和支持。在团市委的支持下，成立"芜湖市大学生志愿者服务队"，广泛吸纳全市在校大学生志愿者，为该项目的可持续发展奠定了基础。在校团委的指导下，注册成立"安徽师范大学五四爱心学校"学生社团，为五四爱心学校科学化管理奠定了基础。

在具体实施过程中，由于大学生志愿者社会实践能力不足、社会阅历有限等因素，五四爱心学校积极寻求能长效支持爱心学校发展的政府部门，先后与团委、妇联、关工委等机构合作共建。几经实践，与芜湖市内各社区关工委取得了良好的合作关系，高校志愿者提供智力服务，关工委工作人员提供后勤支持。高校志愿者在服务中获得自身能力提升，地方关工委寻找到开展工作的具体抓手，互利双赢，形成了"老少志愿者同唱一首歌"的生动画面。在芜湖市外，五四爱心学校和岳西县毛尖山乡留守儿童中心、云南省景东县教育局等单位签订了共建协议，高校志愿者提供专业化志愿服务，地方政府单位提供安全保障，共同为当地留守儿童带去知识和关爱。地方政府、高校双重指导，发展成果多方共享。

注重品牌建设，提升社会美誉度。五四爱心学校注重品牌建设，先后获得省市级荣誉11项，受到包括《人民日报》、中央电视台等省级以上主流媒体的广泛关注和报道，为学校招募志愿者营造了良好氛围，为赢得社会支持起到良好的催化作用。同时，五四爱心学校注重项目化建设，坚持"志愿服务走出去"战略，"五四爱心基金"获得了芜湖市行知业余学校、芜湖碧桂园房地产开发有限公司等多家爱心企业的资金支持。注重实践成果的总结固化，化实践经验为方法指导，形成"五四爱心学校留守儿童陪护计划"，在首届中国青年志愿服务项目大赛中荣获银奖；形成"五四爱心学校道德陪护计划"，入选"安徽道德建设基金"资助项目，为五四爱心学校自身发展提供资金支持，扩大其社会影响力。

回顾过去，五四爱心学校有效实现了志愿者遴选培训规范化、志愿服务内容精准化、志愿服务过程管理制度化。展望未来，五四爱心学校将深度结合地方需求和高校实际，结合并发挥好"互联网+"的优势，扎实做好五四爱心学校志愿服务专题网站创建等工作，进一步做好大学生志愿服务常态化工作，为校园文化建设助力，为社会发展贡献青年力量。

（文中数据截至2016年12月）

【光明网】全省文明单位创建十佳品牌评选揭晓　安徽师大"五四爱心学校"被授予创建优秀品牌称号

全省文明单位创建十佳品牌评选活动最终入选名单日前揭晓，安徽师大"五四爱心学校"从数百件案例中脱颖而出，被授予创建优秀品牌称号。

2004年10月，安徽师大2003级汉语言文学专业学生吴青山等青年志愿者，开始着手创办全市性爱心家教组织——安徽师大"五四爱心学校"，并将首个教学点设在镜湖区汀棠公共服务中心红梅社区。20余名因经济原因请不起家教的贫困学子开始拥有了一份免费家教，拥有了自己的课外学校。10年来，"五四爱心学校"在芜湖市社会各界关心下，现已拥有十几所分校，辅导内容涉及课业辅导、心理健康辅导、美德教育等。大学生志愿者无偿帮助寒门学子，志愿服务从芜湖市扩大到全国，累计志愿服务时间达几十万小时（见图9、图10、图11和图12）。

图9　五四爱心学校支教情况部分剪影

图10　公益讲堂部分剪影

图11 暑期陪护活动部分剪影

111

图12　部分媒体报道

（二）"感动师大"校园精神文明创建十佳事迹

我请您回家，您教我成长——文学院新苑通讯社寻访校友事迹（文学院部分校友图片见图13至图33）

他们是一群朝气蓬勃的"95后"大学生，他们是用文字记录青春、传递感动的新苑人。今天我要讲述的就是他们的故事。

与您相伴，时光不老

她叫阚薇薇，新苑通讯社社长，就要毕业了。"回想第一次采访校友的场景，一句'小师妹，你好！'瞬间打破了所有的局促和不安。"校友们称这群扛着机器、拿着纸笔、略显紧张的小同学为亲切的"娘家人"。

在对1970级校友朱小蔓老师的采访中，小分队整整花了一天的时间，当时正值炎热的夏季，他们不顾高温酷暑，更顾不上休息，一边吃盒饭一边听朱老师讲述在师大的难忘岁月，用笔、用镜头再现了一幅幅画面、一件件往事。更令他们感动的是，当时的朱小蔓老师，已接受抗癌治疗三个月之久，却欣然接受并坚持完成了采访。后来朱老师在病房中仍与学生多次沟通，直到完成修改和定稿，最终有了那篇《赭山脚下最美的青春底色》。

校友的认真与执着，让新苑人深受感染，寻访的脚步也愈发坚定。

今天，是归巢的日子

1977届校友伍巍老师将回归母校称为"归巢"。新苑人也尤为珍惜这样的日子。

作为学弟学妹，全程跟进报道、做好服务；作为在校生，担当解说员，介绍母校发展变化；作为新时代青年，举办社团联展，投身艺

113

术展演，拍摄学院宣传片、院庆宣传片，展示时代新人的风采。

1982级校友返校时，小分队国庆假期坚持留校，创作、彩排、筹备，为这群可爱的"精神还乡者"献上专场诗文朗诵会。校友们紧攥着话筒，重返熟悉的舞台，"我是一棵老树，站在你曾经起飞的地方，我将终生为您守望！"

人这一生，在学、在问、在答

她叫蒋雪梅，2013届校友、大学生村官。毕业后来，她用自己的满腔热血扎根乡土。2016年，新苑人来到胡庙村。从这之后，他们每年暑期都如约而至。

"踏踏实实做事，通过农村的小视角折射大世界。"新苑人深深佩服这位体格不大却蕴含能量的"雪梅姐"，而这也让队员宁嘉惠和祝福坚定了在基层磨炼自己的决心，参加研究生支教团，前往西部支教！"我们要像雪梅姐一样，做有意义的事，实现青春的价值。"新苑人一路寻访，也一路成长。

万人丛中一握手，使我衣袖三年香。新苑通讯社79名学子历时3年，专访文学院校友64人，于人民网等媒体发表人物通讯57篇，微信专题推送37次，出版文集1部，回收校友寻访录535份。正如刘学锴先生所说："学生一生在学、在问、在答，老师一生同样在学、在问、在答。"校友有作为学生的过去，我们也终有成为校友的未来。而这只是起点，新苑人将步履不停，继续前行，让寻访接续传承……

我请您回家，您教我成长。

图13 寻访校友 沈文凡教授

图14 寻访校友 吴怀东教授

图15 寻访校友 朱小蔓教授

图16 寻访校友 谭学纯教授

图17 寻访校友 张宝明教授

图18 寻访校友 鲍鹏山教授

图19 寻访校友 刘学锴教授

图20 寻访校友 查屏球教授

115

图21 寻访校友 王大明董事长

图22 寻访校友 《今日说法》主编张颖

图23 寻访校友 丁宪锟老师

图24 寻访校友 江弱水教授

图25 寻访校友 余伯成 黄元访

图26 寻访校友 凌德祥教授

图27 寻访校友 胡寅初特级教师

图28 寻访校友 周啸天教授

我们的青春

安徽师范大学文学院学生思想政治工作巡礼(2012—2019)

图29 寻访校友 作家赵焰　　　　　　　图30 校友蒋雪梅助力母院学子"三下乡"

图31 1978级返校校友和学生志愿者合影　　图32 文学院"九代师生忆芳华"
　　　　　　　　　　　　　　　　　　　　　献礼学校90周年校庆

图33 文学院部分校友回母校参加学院
90周年院庆活动

（三）十佳班集体

1.2011—2012学年十佳班集体：2010级中文1班

青春·筑梦

每个人心中都有梦想。正因为有梦，每个人才能不断前进。正因为有共同的梦想，每个集体才能愈加强大。2010级中文1班的故事是89个筑梦人和属于他们的"梦想号"的故事。

他们有一个梦想，梦想拥有一个温馨和谐的集体，成为德才兼备、知行合一的时代先锋。在梦想的指引下，他们因缘分组建为班级，因努力锻造成集体，因创新成就先进。

扬起风帆，梦想启程

班级是风帆，名字叫"梦想"。2010年，奇妙的缘分让89名同学登上这艘风帆。民主选举，每年换届；期末述职，满意率高；制定章程，涵盖全面；"两会一志"，有声有色；邮箱主页，公开班务；博客微博，互动频繁；两个认定小组，民主选举；荣誉奖助，提前公示；10余次安全教育，防患未然。

党团组织是帆和桨，推动前进。7名党员，1个党小组；89名团员，2个团支部、4个团小组。32人上党校，34人上团校，6人获评先进，"推优"入党，制度规范。双学活动30余次，主题教育坚定信念：讲座、竞赛、诗文、晚会，"学党史、知党情、跟党走"；20余次民主生活会、微党课学习，两个示范岗，端正作风，接受监督，走基层宣传政策。

教室寝室是船舱，和谐温馨。落实教室公约、建立三大寝室制度，寝室文明创建活动参与率100%。

无一责任事故，无一校级、院级违纪现象，无一人被处分；"十无"零记录、零欠费。100%宿舍合格，"模范之家"2个，卫生例检中15个宿舍获26次学院前三名。

乘风破浪，梦想远航

2010级中文1班的每个人都"求真、向善、至美"，将学习文化知识与提升思想境界结合在一起。

他们探求真知：专业思想坚定，课堂考勤严格，20余次名师讲座，5个专业兴趣小组，打造班刊《星空》，硬笔书写过关，模拟课堂三个专业学习特色平台。必修课出勤率99.2%，90%坚持晨读、晚自习，无一作弊；考试通过率99.94%，97%通过英语四级，81%通过普通话二甲。两年来，共1人获国家奖学金、5人次获全国大学生英语竞赛国家级二、三等奖；11人次获全国大学生语言文字基本功大赛一、二、三等奖等，勤奋求实。

他们至善至美：50余次主题班会，10余次心理健康活动，《心路》记事本，交换日志《心晴》，他们用文字交流内心世界，解答彼此困惑；特殊作业，"感恩"父母，"感恩"师长，提醒幸福——善良内化于心。第一课堂评述身边雷锋，第二课堂传播雷锋故事，第三课堂践行雷锋精神——美丽外化于行。

为了"梦想号"的远航，他们"团结、互助、奉献"，将提升个人能力与服务群众社会结合在一起。

他们团结向上：任何荣誉都离不开集体的支持。开展60余项校园活动，齐心协力获院级以上荣誉126次，其中校级以上46次，集体奖项22项。趣味运动会、演讲、朗诵、舞蹈大赛中均获校级一、二等奖。早操出勤率97.2%，素质拓展、体能测试100%合格。

他们互助奉献：结合地方特点、师范生特质、专业特色精心组织全面开展社会实践。暑期奔赴全省9个地市，组建校级重点团队3支，100%参加团队实践。在芜湖高新区等四地建立基地，9人次获评校级先进个人，获评1个校级优秀团队，5篇文章被评为校级优秀调研报告。用所学奉献社会，他们自豪地说，我们做过一些事、帮过一些人、有过一些思考。两年，"梦想号"上的他们，欣然面对阳光、坦然面对风雨。

一个个小小的梦想交织成一张张最闪亮的名片，也让2010级中文1班（见图34）这个集体的梦想越来越清晰。他们的"梦想号"受媒体关注150余次，连续两年被评为院级先进班集体一等奖，另外有1个校级优秀团支部、1个校级优秀团小组，还成为五四红旗团支部创建单位。

图34　2010级中文1班合影

*　　　*　　　*

2.2012—2013学年十佳班集体：2011级对外汉语

凝聚梦想力量，展示外汉风采

2011级对外汉语班由63位同学组成。在辅导员老师的带领下，他们科学管理打造和谐班级、夯实基础提高专业技能、"三项结合"力求全面发展、立足专业丰富校园文化、众星闪烁凝聚班级力量，只为做最美的自己。

科学管理，打造和谐班级

制度先行——"三风"建设促发展。成立班委会、团支部，下设五个工作小组，民主改选、定期述职。制定《班级管理白皮书》，设计班旗、班徽、班训，制作班刊，人人参与、各尽其职。落实"两会一志"，拓展交流平台，确保公开透明。推行"文明教室、和谐寝室"两室共建和"家校联系"制度。和谐的班风、严谨的学风、融洽的室风，无一人违反校规校纪，100%寝室合格，校级文明寝室标兵2个、文明寝室3个。

主题教育——思想引领明方向。开展安全教育、心理健康教育、诚信教育、感恩教育等各类主题班会30余次。围绕"三证颁发"等组织团日活动20余次；以时政热点为主题开展双学活动16次；设立党员示范岗，开展微党课学习，以党建带团建。93%的同学递交入党申请书，12人党校结业，5人获评先进，19人团校结业，1名正式党员，5名预备党员。

夯实基础，提高专业技能

狠抓学风建设。"三点名"制度力促学风建设。90%坚持晨读、晚自习，必修课出勤率99%，专业课通过率99.5%，英语四级通过率97.8%，英语六级一次性通过率60%，普通话二甲通过率84.2%。

紧扣专业特色。成立对外汉语"导师团"，邀请储泰松等教授开展讲座20余次，以班刊《汉风》为平台，5个专业兴趣小组用文字交流思想。2人在安徽师范大学本科生科研论文大赛中获奖，10人在校内外媒体发表各类作品共49篇，16人在全国大学生英语竞赛、全国大学生语言文字基本功大赛中获奖。

提高从业能力。从"要我学"转向"我要学"，班级同学自学二外、教育学、心理学，5人获国际汉语教师执业能力证书，8人通过教师资格证考试，8人获创业意识培训证书。在专业教师的指导下，全班同学共同翻译外文著作《语言与心智》达17万字。

"三项结合"，力求全面发展

学习书本知识与投身社会实践相结合：班级开展"我要上讲台"系列活动提高专业技能；"美丽师大我来建"征文、书法、摄影等活动展现青春风采；"我们都爱学汉语"走进国教院，辅导留学生作业，举办汉字听写比赛，建立留学生偏误语料库达1 021条。

提高技能与服务社会相结合。"学雷锋"海报设计、志愿服务等活动传播知识、传递爱心；"情暖乡村"走进方村等地送教、送文、送艺，实现城市乡镇和谐共建；承接"江城五校爱心联盟"活动，援建母亲水窖2口，农家书屋4个，捐赠图书1 000余册；暑期社会实践100%参与，组建校级重点团队2个，院级重点团队5个，获评校级重点团队三等奖1个，院级一等奖2个、三等奖3个，"校级先进个人"6个。30余人参与五四爱心学校义务支教，累计支教时间近1 600小时。

实现自身价值与彰显时代关怀相结合。红色之旅慰问抗美援朝老兵，走访金寨等革命老区，弘扬爱国主义，彰显人文关怀。为身患重病的文学院同学发起募捐活动，共筹善款五万余元，团支书季晓彤、班长李龙龙远赴苏州献血，得到《大江晚报》等多家媒体的广泛报道。

立足专业，丰富校园文化

爱心赠书，传递知识。联系中国首家公益赠书图书馆——民间流动图书馆，捐赠图书300余册，收到民间流动图书馆的明信片、报纸等80余份。

传统节日，民俗展示。清明节，开展传统节日民俗宣讲，引起安徽电视台等媒体的关注和报道。端午节，与江南诗社承办芜湖市"端午诗会"朗诵比赛，参与的2个节目分获一、三等奖。

魅力巡演，弘扬文化。举办汉文化魅力巡演四场，从手绘展板到剪纸艺术，从汉服展示到茶艺表演，从花津校区到赭山校区，从芜湖方村到宣城郎溪，2011级对外汉语的同学们分时段、全方位地弘扬中华优秀传统文化，在校内外传播文化的力量。

众星闪烁，凝聚班级力量

和谐的班级成就了个人自由全面的发展，2011级对外汉语班（见图35）63位同学素质拓展100%通过，获各类奖项近300人次，其中国家级奖项18人次，担任校内外学生干部85人次，涌现出一批优秀个人。

图35　2011级对外汉语班合影

全能明星季晓彤，担任班级团支书、新雷锋志愿者协会副会长，在"益暖中华"公益大赛中晋级全国复赛；在芜湖市Office应用技能大赛等各级各类比赛中获一等奖8次。

学习标兵陈滟莹，连续两年获校级一等奖学金，全国大学生英语

123

竞赛省级二等奖，先后在《人民日报》（海外版）等报刊发表各类作品35篇。

文艺骨干李维岩，连续两年参演话剧分获省大学生自创话剧展演一、二等奖，校新生才艺大赛金奖，校演讲比赛一等奖，并在学院各类晚会中均有突出表现。

还有他、她、他们……正是每一个人的努力才凝聚成11级外汉最闪亮的名片。也因此，11级外汉曾获评"校级优秀团支部""院先进班集体"等集体奖项23次，受到中国青年网、安徽电视台等各级媒体报道百余次。63双手紧紧相连，63颗心心心相印，卷之为拳，成就班级凝聚之势；舒之为掌，推开接近梦想之门。未来，11级外汉的同学们将乘上理想之舟，乘风破浪，继续扬帆远航！

3.2013—2014学年十佳班集体：2012级对外汉语

知行合一做实践达人，求实求新创幸福外汉

2012级对外汉语班（以下简称12外汉班，见图36）由来自全国9个省市的81名同学组成。以"做实践达人，创幸福外汉"为目标，秉承"求实求新、知行合一、勤学励志、善思求是"的理念，做好各项常规工作，打造特色专业发展平台，共建温馨如家幸福班集体。

一是基础建设扎实。12外汉班全面做好组织制度建设，保证各项工作有序开展。班级干部的群众满意度达98%。12外汉班无一起责任事故，无一起校级、院级违规违纪现象，获校级文明寝室标兵2个、文明寝室2个。同时，12外汉班利用新媒体平台不断完善班级建设。

二是注重思想教育。12外汉班入党申请书递交率达100%，共有13名正式党员，5名预备党员，发挥模范带头作用。12外汉班坚持开展"双学"活动，结合时代热点，共举办各种形式的主题教育活动40余次。如热议两会好声音、演讲比赛、圆梦六一爱心包裹捐赠、爱心

安徽师范大学文学院学生思想政治工作巡礼(2012—2019)

书屋援建等团日活动。12外汉班高度重视党员团员作风建设，定期开展民主生活会，设置党员示范岗、入党积极分子示范岗。

12外汉班将主题班会作为思想政治教育的重要载体。根据学生成长不同阶段的不同特点召开"大学成长"、诚信考试、感恩教育主题班会，生涯规划主题活动，"与信仰对话"专题讲座等。重点开展诚信、感恩等主题教育活动。设立心理健康委员，开展20余项心理健康活动，每学期进行学生心理健康调查；举办心理健康讲座；组织观看经典心理电影。通过"感念师恩"、组织无偿献血、定制"12外汉班青春足迹"特色明信片等活动感恩社会、父母、同窗。12外汉班在感受集体的温暖和幸福感的同时，也把社会主义核心价值观牢固印刻在心里。

图36　2012级对外汉语班合影

此外，12外汉班专门组建红色主题实践团队，追忆红色历史，参观沂蒙红嫂纪念馆，孟良崮战役纪念馆、遗址，走访老兵以及革命后代，完成三万余字《沂蒙人物访谈实录》，这些都是传承坚定理想信

125

念、践行青春责任的实际而有效的方式。

三是严格专业学习。12外汉班高度重视班风学风建设，并通过校园文化活动等打造特色专业学习平台，创造优良学风。12外汉班严格落实课堂出勤点名制与晚自习制度，组织学习经验交流会。学业成绩合格率达99.5%。英语四级通过率为99%，英语六级一次性通过率为80%。英语四级最高分达622分。普通话二甲及以上通过率为93.5%。

结合对外汉语专业需要，12外汉班开展第二课堂，紧抓四项学习。视频学习：组织观看对外汉语教学视频40余次，撰写心得体会4 000余篇。互补学习：与国教院交流合作，批改作业、汉语辅导。合作学习：成立教学研究小组，整理对外汉语界动态，定期发布信息。实习学习：与南京晓庄学院、中国人民解放军外国语学院昆山校区等建立合作关系，将理论付诸实践，积累教学经验，提升自我。

12外汉班的16名同学作为汉语志愿者远赴海外孔子学院及孔子课堂教授汉语、传播中华文明，12外汉班的足迹从此走向了五湖四海，其中曹庆慧同学在由泰国志愿者管理教师工作组联合泰国教育部举办的"2017—2018学年在泰汉语教师志愿者教学技能大赛"中荣获优秀奖。设立考研兴趣小组。其中33人考研、保研至北京大学、复旦大学、南京大学等学校继续深造。

四是乐于志愿。学习之余，12外汉班共组织策划100余次校园活动，涉及学习交流、文艺体育、志愿服务等多个方面，学生参与率达100%，素质拓展通过率达100%。

五是积极开展精神文明创建工作。举办一系列"美丽校园"活动，如校园植树活动、清除课桌文化，参与书香文明寝室创建，举办"节水·节电"寝室评比活动，共同创造美丽校园。落实"走下网络、走出宿舍、走向操场"，开展趣味运动会2次、体验式培训1次，组织晚跑、春游活动，班级同学参与率达100%。65人次参加校级、院级趣味运动会，22人参加校级"铿锵玫瑰"女子拔河比赛并荣获一等奖，24人参与校级育英杯篮球赛并获优秀奖，6人参加冬季环校长跑并荣获优秀奖。体能测试100%达标。

六是学习竞赛文娱活动互补互促。开展各类学术讲座20余场，邀请陆同兴老师开展"追求与理想"讲座，邀请余亚斐老师开展国学讲座，邀请崔达送老师开展科研论文写作指导讲座，开展"青春导航"大学成长交流会等。举办"对外汉语教学技能大赛"、读书报告会、生活文化知识PK活动，提高各项技能；文娱活动方面，举办3场联谊晚会，策划6期主题黑板报，组织"青春志"书画比赛。25人参加新生才艺大赛并取得佳绩；4名同学在校第八届"青春飞扬"舞蹈大赛中参演《且吟春雨》夺得银奖。

七是实践服务持久深入。12外汉班坚持开展一系列志愿奉献活动，坚持内外联动，坚持校内外活动互补，长期实践志愿精神，共组织志愿活动40余项，参与支教、无偿献血。服务时间长达3 000多小时，志愿服务参与率达100%。

12外汉班结合雷锋日开展了系列公益活动。"学雷锋"交流会、"争当新雷锋，汇聚正能量"社区志愿服务活动、"小书本，大爱心，暖春三月，争做雷锋达人"捐书活动，援助雅安、善行一百道德宣讲，圆梦六一爱心包裹捐赠。12外汉班与芜湖市李巷社区达成长期志愿服务协议。坚持每周到社区服务，为建设和谐社区奉献力量，6名同学获得芜湖市李巷社区"十佳青年志愿者"称号，以自身行动诠释、传播志愿精神。

12外汉班也走出芜湖进行社会实践，传递青春能量。12外汉班与译林出版社、上海人民美术出版社、《青年文摘》杂志社、《译林》杂志社合作，募集经典名著1 000余本。在芜湖市柳春园小学、师大附小筹集书本5 500余册，文具1 000余套，援建芜湖市李巷社区书屋1

所，云南省明德小学等中小学书屋4所，共同传递知识火种、延续志愿精神，受到媒体广泛关注。

在社会实践方面，12外汉班共组建8支暑期社会实践团队奔赴省内外，班级参与率达100%，在山东临沂孟良崮、宣城宁国等地建立安徽师范大学大学生社会实践基地2个，12人次获得暑期社会实践先进个人称号，其中，校级重点团队赴山东沂蒙山区团队获评省级优秀团队荣誉称号，此团队受媒体宣传报道119篇次。

八是打造特色活动。12外汉班立足专业，开展了多种类型的专业技能比赛、传统文化的宣传活动。12外汉班首办对外汉语教学技能大赛，弥补专业技能竞赛空白，调动四个年级200余名同学热情参与。在比赛中，12外汉班5名比赛选手，2名同学包揽一等奖，另有，二等奖2人、三等奖1人。其中刘燕婷同学以单场最高分别荣获"说课单项金奖""讲课单项金奖"。大赛的成功举办产生了广泛影响，同学们掀起了苦练教学技能、钻研专业知识的热潮。

12外汉班充分利用留学生资源，建设模拟课堂。全班100%对留学生进行汉语辅导，并观摩留学生汉语课堂。整理日本、韩国、巴基斯坦、澳大利亚等国留学生语音、词汇、语法偏误，建立偏误语料库5 000余条，归纳总结，撰写科研论文。班级以寝室为单位成立对外汉语教学小组，建立对外汉语教学模拟课堂，共开展50余次模拟课堂活动。模拟课堂的建立使专业实践常态化、持久化。同时，打造"汉语角"等中外学生交流平台，定期开展留学生交流活动，其中2名同学赴韩国交流。

为传承优秀传统文化，12外汉班做出了积极努力。举办系列讲座，诵读经典。举办"弘扬中华优秀传统文化"系列讲座6场；启动"经典天天读"计划；参加合肥国祯书院优秀传统文化专题培训、广州"启发原创心灵，相约"论语"一百"大型传统文化公益夏令营，深入研读《论语》等经典，内化修养，外化行动。

举办文化巡演，演绎经典。12外汉班积极宣传传统文化，打造唱诗班，着汉服、诵经典、做示范。以汉服为外化，以国画书法及传统乐器歌舞表演为特色，参与西塘汉服文化周；在芜湖方村等地开展各类汉文化魅力巡演30余次。此外，我班2名同学参加中国成语大会，斩获佳绩。12外汉班连续两年参与芜湖市文化馆举办的端午诗会，多人朗诵获奖。参与芜湖电视台举办的端午节特别公益活动的录制，《大江晚报》刊登端午诗会获奖原创诗歌《端阳诗三首》。

12外汉班不断播撒文明，实践经典。连续两年组建"弘扬中华优秀传统文化"暑期社会实践团队，以"传统文化夏令营"的方式，把传统文化的种子播撒在安徽、云南、山东、北京、浙江、上海等15个省市。活动受到凤凰网、三下乡官网"镜头中的三下乡"、中安在线等多家媒体宣传报道。

12外汉班的每位同学在和集体共同进步。班级获集体荣誉23项，荣获校级"十佳"班集体、校级优秀团支部、院级先进班集体。和谐的班级成就了个人自由全面的发展，累计获奖310余次；其中省市级以上20余项，院校级290项，10人在校内外媒体发表文学作品100余篇，20人在全国大学生英语竞赛等比赛中获奖。省级双优生2人，校级优秀毕业生12人，文学院优秀大学生2人，文学院自强之星3人。

周欣怡，曾任校青通社社长助理、团支书，荣获省高校校园"好新闻奖"二等奖；荣获文学院第四届优秀大学生，两年被评为暑期社会实践先进个人。

章碧云，现就读于上海外国语大学，作为汉语志愿者任教于摩洛哥哈桑二世大学孔子学院，连续三年获得全国大学生英语竞赛省级一等奖、国家级特等奖等。

方凯凯，校新生才艺大赛二等奖。连续主持文学院双迎、毕业生晚会；主持五大社团联谊晚会等院级班级各类文艺晚会活动20余次。成为中国播音主持网芜湖特派艺考记者；荣获全球华语网络主播大赛安徽赛区最佳网络主播奖，文学院第四届优秀大学生。

周成学，现就读于北京大学，曾任文学院学生会宣传部部长，班长。省级"双优"生。获安徽省"同铸复兴路 共圆中国梦"校园文艺活动书法组二等奖。带领校级重点团队赴山东沂蒙实践服务团队，受人民网、光明网、中国青年网等多家媒体报道，荣获安徽省优秀团队荣誉称号，连续两年被评为暑期社会实践优秀个人，荣获中国青年网"好通讯员奖"。

未来，12外汉班还将全面开阔视野、继续提升自我，朝着一个个未来的幸福不断前行，梦想不止不休，幸福不熄不灭。

＊　　　＊　　　＊

4.2014—2015学年十佳班集体：2013级卓越语文教师实验班

做卓越中文人，绘青春师范梦

首届开班，百千疑虑。卓越启程，共赴征途。

昨夜西风凋碧树，独上高楼，望断天涯路

七大省份、七个专业，30位青年追梦于此。2013级卓越语文教师实验班，做卓越中文人，绘青春师范梦。

衣带渐宽终不悔，为伊消得人憔悴

理想信念夯实卓越根基。党团知识学习、两会精神研讨，班级累计开展各类思想教育活动30余次；党建带动团建，入党申请书递交率100％，2人发展成为预备党员。

班级同学奔赴井冈山革命老区，重走挑粮小道，模拟三湾改编，走访红军后人，切身感悟红色经典、传承爱国精神；紧扣时政热点，参观侵华日军南京大屠杀遇难同胞纪念馆、举办南京大屠杀死难者国家公祭日纪念活动、重读抗战家书，开展爱国主义实践活动20余次。心系家国，砥砺奋进。

道德情操铸就高尚师德。学高为师，身正为范。打造师德师心教育平台，学习陶行知教育思想，感悟名师风采；开展诚信、感恩等主题教育活动30余次。

搭建多样实践平台。参观陶行知纪念馆，实地感受、陶冶性情；定期组织观看教育影片，撰写心得、熔铸信念；实地走访乡村教师，面对面交流、领略师德风范。

肩负中文崇高使命，弘扬优秀传统文化。家规家训分享会，铭记家族教诲；端午诗朗诵，缅怀先哲、传诵经典；传统文化书画展，丹青妙笔绘新意；"中华魂·民族根"宣讲会，坚持以文化人、以德立人。线上线下双重互动，庆佳节承家乡风俗、贺新年作原创诗词、"以爱之名，为爱书写"特色活动阅读量达16.1万次。

扎实学识提升专业技能。坚持晨读、晚自习制度化；严格考勤，规范管理。班级必修课与选修课出勤率均达100%，所有课程通过率均为100%。自主规划学业蓝图，三项保障，为卓越中文路保驾护航。

"双导师制"，保障专业学习。校内名师悉心指导，全方位筑牢中文根基；校外名师面对面，参与"名师导教"活动10余次，探讨语文教学艺术。

合作交流，保障专业训练。开办书法讲堂，邀请名师专业指点，联合中文各专业举办"三字一画""笔下生花"活动，囊括一、二等奖；构建学术交流平台，跨专业打造"学贯中西""厚荟有期"读书沙龙，调动3个年级、4个专业、300余名学子热情参与，引领专业学习风潮；打造精英学习队伍，受邀参与CCTV《中国诗词大会》节目录制，与复旦、浙大、南大学子同台竞技，一展师大风采；参加安徽省读书知识大奖赛，尽显文院深厚底蕴。

笔耕不辍，保障专业科研。建书柜、创班刊，打造书香班级。首创"学习型"微信交流圈。班级同学累计撰写论文 300 余篇，按专业方向汇编成册，总计逾 80 万字；并有 1 人在校本科生科研论文大赛中获奖。大学生创新创业训练计划 3 项获国家级立项、7 项获省级立项；班级同学积极撰写文章，在教育部中国大学生在线、《大江晚报》、《安徽师大报》等平台发表原创作品 100 余篇，笔墨留香。

追寻青春师范梦想，三大课堂，练就精深师范技能。知识课堂，文学、教育学、心理学三科并重，扎实教师专业基础，普通话二甲通过率达 94%。活动课堂，锻炼教学能力，成立 15 个教学互助小组，开展 200 余次模拟课堂教学；竞赛舞台一展风采，包揽文学院师范生教学技能大赛一、二等奖、2 人代表学校参加安徽省高等学校师范生教学技能竞赛角逐。实践课堂，站稳三尺讲台，自主撰写教学设计、强化教学技能，变"支教"为"智教"，并将"创意写作"的种子播撒在菖蒲暑期实践的课堂中，扎实的专业实践受到社会各界广泛关注，凤凰网、中国青年网、网易教育等主流媒体报道 30 余次。

仁爱之心汇聚梦想力量。四个层面，完善"爱的教育"。爱家乡，主题班会拉近同学距离。爱父母，"一封家书"遥寄游子深情。爱老师，互动访谈，影像记录师生情谊。爱生活，积极创建和谐寝室，共建美丽校园。两个维度，奉献火热青春。前往福利院，陪护留守儿童，关爱孤寡老人，志愿活动达 30 余次。参与爱心支教，累计时间超 1 000 小时；两年参与组建 7 支暑期社会实践团队，志愿足迹遍布云南、江西、辽宁等地；赴云南哀牢山国家级团队更是喜结硕果，同学们的爱心奉献得到了社会广泛支持，收到安徽师范大学出版社等捐赠书籍 300 余册、筹得善款 9 000 余元，人民网、光明网、《中国日报》等报道总数高达 300 余次，入围团中央"寻找全国大学生百强暑期社会实践团队"。

众里寻他千百度，蓦然回首，那人却在灯火阑珊处

作为学校探索人才培养模式改革、发挥教师教育特色优势的创新实践，更是教育部首批"卓越教师培养计划"、全国仅2所语文学科改革项目之一，2013级卓越语文教师实验班（见图37）锐意进取，坚持打造学习型、科研型、实践型集体，争做中文专业领头雁。

卓尔不群，越而不傲。班级同学牢记习近平总书记"四有"好老师标准、铭记中文人使命，砥砺奋进、在追梦途中一路前行！

图37　2013级卓越语文教师实验班合影

*　　　*　　　*

5.2015—2016学年十佳班集体：2014级汉语言文学（师范）

文思飞扬承汉韵，潜心修为传师心

铁肩担道义，风骨著文章。2014级汉语言文学（师范）专业学生带着责任与使命，奏响属于他们的青春"四时之歌"。

133

春生：固本培元，三项建设夯实根基

班级建设，万事万物春生春长。立班规，树班风，开两会，制作班级手册抓基础；组班委，设支部，选室长，民主管理促团结；信息员，安全员，宣传员，信息畅通架桥梁。坚持考勤、查寝、班费公开化；班级日志、班会记录、定期总结规范化；民主生活会，文明寝室创建，奖惩公开透明，应急预案制度化；设立班级贫困生专项基金，建立个人成长档案，实施精准帮扶，日常工作精细化。班级建设从标准化到精细化，从整体化到专业化，从常态化到长效化延展。"三自服务"主体作用充分发挥，实现班级零投诉、零违纪、零处分、零事故。

坚定信念，心系家国春日普照。线下笃行：多形式开展时代宣讲和学习讨论、"两学一做"专题、国家公祭日纪念主题、走访烈士家属、爱国主题等教育活动30余次。线上活跃：搭建多个平台，关注时事、理性发声，传递爱国爱校正能量。41人参加党团校学习，有中共预备党员3人。荣获校级"优秀团支部""优秀团小组"称号。

主题教育，春风化雨润物无声。聆听青春导航、青春丝语、职规创业等专题讲座31场，开展文明创建、安全教育、诚信考试、心理健康等相关主题教育班会和系列活动52次，帮助树立大学生涯目标，不忘初心，砥砺前行。

夏沁：彰显特色，三个课堂有效联动

藤出新蔓，专业培养绽放思想之花。早起晨读练书法，课前预习勤演讲，学海导航齐参与，名师导教助成长。兴趣小组引共鸣，学术沙龙争明理，自请名师开讲座，文学经典汲力量。师范技能勇参与，创设班刊展才华，汉语大赛见功底，文化调研承风气。明德书屋进寝室，藏书523本，班级借阅4 000余人次。两年来，班级学年成绩均位列专业前茅，专业课通过率99.73%，普通话二乙通过率100%，2016年双创项目获省级及以上立项25项，全国大学生作文竞赛获奖88人次。

繁花满树，校园活动展现青春风采。中国诗词大会，安徽省电视读书大赛，安徽省首届"国学达人"挑战赛，华中地区"百年新诗·青春诗会"诗歌朗诵大赛，校舞蹈大赛，嘈嘈切切曼舞轻歌，共献才子佳人；全国少数民族传统体育运动会，安徽省足球联赛，校运动会，户外拓展，趣味运动，青春三走，铿锵玫瑰沙场点兵，盛产武将能臣。

莲叶接天，社会实践跳动时代脉搏。无偿献血，解囊捐款，爱心支教；全员参与以红色宣讲、文化传承等为主题的寒暑假社会实践；多人投入抗洪抢险救灾工作；全班全程服务校第32个教师节颁奖典礼、1986届中文系校友诗歌朗诵会等大型活动。

发起校内首个国学社团德雅书苑，将班级理念升华为德雅精神，影响校内外更多的人学习和传承中华优秀传统文化。自发组织开展3次民俗文化进校园系列活动，开设剪纸班、皮影班、经典诵读与书法晨习班，创作师大名片剪纸系列作品、文学经典人物皮影系列作品。班级10人成为网络志愿者，23人参加五四爱心支教，33人成为中国志愿者，志愿服务总时长达5 000余小时。

秋实：仰取俯拾，三级互应硕果累累

缤纷硕果，先锋新秀自登台。德雅书苑副会长张艺馨：预备党员，获首届"余恕诚奖学金"，"三好学生标兵"，校第十一次学代会代表。江南诗社社长卢文韬：2015年全球华语大学生短诗大赛三等奖。院学生会副主席刘钰婷：担任多部话剧主角，编排原创舞蹈《红高粱》，曾获得校级及以上奖项36项；校学生会干部罗雨，参与2015年暑期社会实践国家级重点团队获评"先进个人"称号，连续两年获

校乒乓球比赛男子双打第一名。

麦浪灿灿，稻花香里说丰年。班级学生担任校院级学生干部职务129人次，累计获奖464人次，其中国家级奖项49人次，省级奖项43人次，校级奖项209人次，发表文章数量500余篇次。

这里，2014级汉语言文学（师范）专业学生（见图38）每一个成员都是鲜活灿烂的个体，他们在追求卓越的路上不断为班级注入青春的荣耀。他们积极投身社会，融入时代发展，让个人的成长、集体的进步与时代同呼吸！

图38　2014级汉语言文学（师范）专业学生合影

冬和：登轼而望，三重思考着眼未来

光阴三载，前路悠长，冬藏蓄力，期冀绽放。若问如何培育时代新青年，如何建设现代精神家园，如何文以载道、学以化人？我们有着共同的追求——铁肩担道义，风骨著文章，并以这个标准严格要求自己，谱写青春华章。

*　　　*　　　*

6.2016—2017学年十佳班集体：2015级汉语国际教育

我们的汉语国际，世界的汉语教育

"文以筑梦，带你读懂中国"，安徽师范大学文学院2015级汉语国际教育专业（以下简称15汉教，见图39）由56名同学组成。两年半以来，在辅导员汪旭老师的带领下，全班同学以成为"中华优秀文化的坚定信仰者、忠实传承者、模范践行者"为目标，秉承"巩固专业基础，搭建文化桥梁"的信念，用脚步丈量青春，稳步走在"拓展专业，全面成才"的路上。

图39　2015级汉语国际教育合影

寻路之初，严以立身，凝聚班级力量

辅导员汪旭严格要求，班委会积极协助，立柱架梁，多重保障，15汉教的同学们"四度"联动，齐心协力建立健康向上班集体。

潜心夯实班级根基，组织建设有力度。征民意、集民智、聚民心，一切围绕学生，做到班级管理民主化；立班规、定班训、树班风，确保班规公约制度化；班级定期召开班会、班委会，认真填写班级日志，实现计划总结常态化；班费收支、考勤记录定期公示，保证荣誉奖助透明化；严守"四项禁令"，制定细则，做到奖惩明晰规范化。同时，一切服务学生，定期统计、及时更新，多维度掌握信息；搭建QQ、微信、微博等多媒体平台，精确把握学生动态；建立学生成长档案等，精准服务学生成长。

悉心营造和谐班风，日常教育有温度。一切关照学生，心理教育落细，安全教育落实，秉承"以生为本，安全共建"的理念，班级定期召开主题班会，做到专题教育方案化；20余次诚信、感恩教育活动，塑造向上向善人格，文明修身教育常态化；学业、情感、生活多方面指导，实现朋辈教育个性化，充分发挥榜样作用；举办职业规划、专业沙龙专场辅导，做到就业创业教育专业化，为学生点亮理想的灯，照亮前行的路。

精心凝聚班级力量，思想教育有高度。"我眼中的师大"爱国荣校、"特别采访"致敬雷锋，"花样悦跑"庆祝建党、"手绘长征"纪念长征胜利，创新形式开展理想信念教育，弘扬民族精神；专题诗文朗诵、"五四青年节"唱响新声音，多形式增强文化自信；民主生活会，党团联动展现青年风采，提升思想境界；无偿献血、敬老爱幼，助人奉献，班级过半同学参加志愿服务类社团，以一己之力奉献社会，弘扬志愿服务精神。15汉教秉承"求真求实"理念，"一部四组"团建并行，线上线下联动互通。线上，"聚两会""一学一做"受到广泛关注；线下，以党建、团建为抓手，开展高质量主题团日活动30余次。班级25人参加党团校学习并顺利结业，6人获评优秀，3名同学发展成为中共预备党员。

贴心打造温暖集体，自我教育有深度。"自我教育、自我管理、自我监督、自我服务"，15汉教有效发挥"四自"功能，实现班级零违纪、零欠费、零投诉、零事故。6个校级文明寝室，24项集体荣誉，班级获评院级优秀班集体、校级优秀团支部、校级优秀团小组等荣誉称号。

砥砺奋进，学以化人，养成专业气质

凝心聚气，内化于心，15汉教全体同学汲取文化营养，在独属于

汉教人的东方气质路上砥砺奋进，打造班级发展共同体。

固本培元，筑牢专业基础。编撰班刊《汉荟》，建立三字练习、视听说训练等多个学习平台，助力班级同学全面成才。千帆竞流，协同进步，班级课堂出勤率99.2%，考试通过率99.7%，普通话通过率95%，7人达到一乙水平，英语四级通过率96%；两年半以来，班级同学坚持读书，至今共完成读书笔记600余篇；积极参与课程辅导，名师导教答疑解惑，实现班级同学与专业老师双向交流沟通；"大学生创新创业"大赛9人立项，参加全国大学生文学作品大赛、全国大学生英语竞赛等各项比赛，56名同学累计获奖300余人次，其中国家级76人次。

搭建平台，培育专业爱好。15汉教成立中外学生交流平台——"汉荟外教成长营"，开展"融汇中西 感恩同行"、冬暖汉教"饺"见真情等特色活动；成立12个兴趣小组，举办各类学习经验交流活动27次；创办"寻根筑梦"系列活动，自主研习剪纸、乐器、茶艺、礼仪等，全方位学习优秀传统文化；开设"地球联播"全攻略、课前中英文演讲系列活动，观世界变化、看时政热点，举办"学而不已"系列活动20余期，中西融合，汇聚多元课堂。

多措并举，拓展专业技能。举办"明日之师"模拟课堂、文化沙龙、百问百答系列活动30余期，班级同学累计上台展示200余人次，实战提升教学水平。协助专业老师建设汉语偏误语料库，生成语料3 000多条。专业教师指导修改，班级同学撰写教案90篇，心得150余篇，结集《教学有案》，获孔子学院刘志刚老师好评。此外，首创"文学院汉语国际教育专业技能大赛"，创新赛制，初赛练笔、复赛练技、决赛展才，实现外教全模拟，班级共19人获奖，6人荣获一等奖。15汉教致力于打造精品特色活动，稳步提升自身教学技能。

领航青春，激发集体活力。举办中秋端午年味分享、汉教好声音等系列活动，班级同学以爱相伴一家亲；举办青春三走、户外拓展、迷你马拉松等活动，助力同学们健康成长；创立"晴旭"说说记事本，记录思想星光、生活点滴，打造师生学习成长共同体。百余次文体活动的积累、成长，班级同学荣获第一届"爱我国防"全国大学生演讲大赛三等奖（全省唯一）、安徽省大学生田径运动会二等奖等奖项87人次，多彩文体，全班同学欣然向阳光，青春正飞扬。

丝路之盛，文以载道，助力文化传播

学以致用，15汉教以"一带一路"为引领，形成校内汉文化活动带，校外汉文化传播路，共同推动中华优秀传统文化"走出去"。

汉语作轴，画出专业同心圆。原创诗歌《一个世界的距离》，参加全国第五届大学生艺术展演。与汉语桥协会合办孔子学院日、汉语角、中外联谊等大型活动30余次，中外交流架构沟通桥梁。班级多人参与"民俗文化进高校""乐鼓承汉韵 新岁启华章"汉文化主题晚会等大型活动，广阔舞台展现传统文化魅力。

新媒搭线，汇聚专业新能量。借力新媒体，与专业老师为友，共同搭建汉文化推介平台"传播汉语"，同步班级QQ、微博、微信，多管齐发，设置文化广角、中外交流、专业技能、教学案例、志愿经历等专题，街头特别采访、创新网络直播，至今共推送200余期原创软文，打破时空限制，传递文化力量。

梦想发声，扩大专业朋友圈。班级同学与国教院留学生开展结对帮扶活动，双向交流促成长。两年多时间，与外国友人交流沟通累计约1 080小时。班级同学奔赴全国各地，寻访皮影、桑皮纸、根雕、岳西高腔等传统技艺，采访非物质文化传承人，身体力行守护匠心。开展国学经典诵读，文明礼仪宣讲，传统技艺习承等特色活动，全方位关注传统文化；普及双语教学、科学知识，开窗明路铸就国际梦想。接过辅导员汪旭老师的支教接力棒，接续帮扶甘肃省灵台县城关

中学学生，寄送书信、定制剪纸等，邀请学院师生共同录制中考祝福视频，网上送教、千里陪护，彰显班级责任担当。

实践铸魂，提升专业影响力。追求进步，班级获评校"十佳"班集体等荣誉称号。两年暑假，组建省、校、院级重点团队9支，班级同学全员参与暑期社会实践活动，多方位参与专业实习、抗洪抢险、精准扶贫、文化传播等社会实践活动。班级担任校院级学生干部共计109人次，9人为主要负责人，实现专业学习、志愿服务、文体艺术等个性发展。班级社会实践活动先后被中国青年网、人民网、《合肥晚报》、《大江晚报》、安庆电视台等多家媒体报道640余次。

一路走来，一路欢笑，一路汗水，一路成长。岁月总有不动声色的力量，世界在脚下，梦想在眼前。15汉教以实力做桨，筑梦起航。他们从未停下前行的脚步，今后，他们将以更加自信昂扬的态度，全面开阔学习视野，提升职业素养，坚守文化担当，不负青春使命！

*   *   *

7.2017—2018学年十佳班集体：2016级汉语言文学（师范）

我们的弘毅汉师，最美的青春故事

士不可以不弘毅，任重而道远。2016级弘毅汉师一班向大家讲述别样的青春故事。

集体陶镕，多措并举夯实专业根基

班级建设，规范制度立保障。组班委，设支部，民主管理促团结；立班规、树班风，班级公约知荣辱。严格课堂考勤、定时查寝，狠抓"四项禁令"，班委会、团支部会、寝室民主生活会三会联动，"四自"作用发挥明显。班级连续两年零投诉、零违纪、零处分、零事故，获评校首届"最美教室"，6个寝室获评校级文明寝室。

党团联动，红心向党树信念。线下践行：多形式开展"五四新青

141

年"、国家公祭日、学雷锋等教育活动41次。线上发声：聚焦"两会""一学一做""我是谁"等时代热点，聆听习近平总书记知青故事，获安徽省四有中国好网民故事二等奖。46人参加党团校学习，现有中共预备党员1人，发展对象5人，荣获校级"优秀团支部"称号。党团联动，为实现中国梦积蓄青年力量。

明德博学，抟心揖志熔铸专业特色

固本培元，内外兼修育才华。导师制、帮扶制双轮驱动，班级导师项念东强化文化引领，辅导员帮扶"全员全程全方位"。开展文明创建、安全教育、诚信考试、心理健康等主题教育班会和系列活动52次。课程辅导进教室，邀请储泰松、杨四平等多位名师开展专业辅导68次。聆听学海导航、名师导教、作家面对面等专题讲座36场。青蓝工程传帮带，高年级学生示范引领，构建师生朋辈成长共同体。文有师范技能新闻写作长才干，武有方阵排舞铿锵玫瑰八连冠。剪刀舞出纸上精气，毛笔挥尽书生意气。"邀您爱我"与心灵相约，阳光体育伴健康同行，冬至水饺饱含师生情谊。多彩活动满足多样需求，实现多元发展。

脚踏实地，砥砺切磋练技能。"我和讲台有个约会""读享时光""师说新语"三大平台并驾齐驱。师范训练常态化，说课、无生上课全员参与，"三字一画"常抓不懈，教育见习走进师大附中等基础教育一线虚心求教。读书报告创新形式，开设班刊，师长寄语悟道理，笔歌墨舞练文笔。职业规划有良方，创业模拟立志向。扎根中文沃土，建设书香班级。

躬身实践，笃行至善释青春。在实践中学习，拜人民为师。12人参与国家出版基金项目《力冈译文全集》校对工作，17人参编学院献礼九十周年原创图书《风景这边独好》《何不忆江南》《你是我的风景》，全员参与90周年校庆院庆志愿服务。爱心支教、文化调研、理

142

论宣讲，志愿服务总时长 7 500 小时。高校联盟做贡献，民俗文化现身影。高效运行新媒体平台，"弘毅汉师"官方QQ、微信、微博推送动态500余条，累计访问量七万余次，多视角传播青春正能量。

知行合一，当仁不让争做专业精英

百花齐绽，莘莘学子展风采。学习标兵涵养教育情怀德才兼备，专业之星传承中华师道锤炼师范技能，体育达人省运会展风采绘民族同心圆，文艺骨干全国大学生艺术展演挥斥方遒，文化使者汲取国学文化爱传万家。

一枝独秀，弘毅汉师收硕果。班级先后获2016年军训会操一等奖、运动会排舞比赛第二名，连续两年获评文学院先进班集体。5人获校首期"双扶"资助育人项目立项。11人分获大学生创新创业大赛国家级、省级立项。班级同学担任校院级学生干部153人次、累计获奖456人次，其中国家级102人次。全国大学生英语竞赛获奖26人次，全国大学生文学作品大赛获奖68人次。计算机二级考试通过率90%，英语四六级通过率92%，普通话二甲达线率99%。社会实践获国家级、省市级媒体累计报道531篇次。现有国家级重点团队一支、我校唯一全国百强传播力团队一支、我校唯一安徽省十佳创意团队一支，校级优秀重点团队一等奖第一名，以青年力量建功新时代。

观往知来，长虑却顾笃行专业担当

两载光阴勤勉奋斗，以师范生大爱之心育豪情壮志，以中文人大美之艺绘美好蓝图。站在三年级的路口，往哪里去、成为什么样的人，也许是很多人正在迷茫的问题，2016级弘毅汉师一班（见图40）的回答是：夯实专业基础，坚守师范底色，站稳三尺讲台，投身伟大奋斗，以青春之我做追梦者，以奋斗之我做圆梦人。

图40 2016级弘毅汉师一班合影

* * *

8.2018—2019学年十佳班集体：2016级戏剧影视文学

无惧无畏追光者，有声有色戏影人

全校最年轻专业之一——始创于2016年的戏剧影视文学，24位同学共同演绎了怎样的青春故事？

有梦想，我们是追求卓越的戏影人

立而后行，多措并举夯实专业根基。组班委，设支部，健全管理制度，倾心服务师生。成立戏曲、电影、电视、话剧兴趣小组，各行其道，打造学习共同体。班级公约+寝室公约，引领班级风气，构建班级"四自"新风尚。强化线上发声，以新媒体平台推送影视动态、戏曲经典，开展"习言习语，薪火戏影"话题讨论，展现专业风采，传播青年"好声音"。班级连续三年零投诉、零违纪、零处分、零事故，获校级"最美教室"称号，7个寝室全部获评校级文明寝室。

红心向党，思想先导塑造专业品质。组织生活规范化，坚持三会两制一课，增强支部向心力，引领青年成长。专题教育制度化，开展爱国荣校、感恩诚信、安全文明等主题教育活动20余次。支部活动专业化，从漫话十九大到党员分享会，我们发挥专业优势，自制暖心视频、评点红色电影、手绘警示标语，班级共组织特色党团活动40余次。8人参加党团校学习，班级团支部获评校级"优秀团支部"。

有行动，我们是共同成长的戏影人

博学慎思，师生携手强化专业内涵。筑牢第一课堂基础，首创项目制培养方案，五位专业资深教师担任项目导师，开展学习研究、专家辅导，构建师生学习共同体。依托教育部三全育人综合改革试点，拓展助学助长平台，戏剧影视艺术沙龙强化专业技能，作家面对面突出创作素养，学海导航引领学术方向，青春丝语直面心灵成长，全方位全过程助力学生全面发展。

创新务实，多彩活动凸显专业特色。联动第二课堂，举办"戏剧影视文化节"，剧本编创、戏剧表演、视频摄制、影视配音，多彩活动促进多元发展。定期开展读书报告、电影鉴赏、剧本讨论、交流读书心得等活动，提升专业素养。剧坛撷英，与经典对话；一周影评，展文采思辨，编订一周影评集《疏影》，共计八万余字。

厚积薄发，脚踏实地磨炼专业技能。多点发力，第三课堂深化专业实践。打造戏剧小家，全员参编学院献礼九十周年原创话剧图书《你是我的风景》；协助校大学生艺术中心实地走访调研，整理资料，撰写安徽地方戏口述史，提高专业实践能力；协办昆曲艺术进校园活动，参与省"戏曲进校园"文艺汇演。参与校第二届心理剧大赛，参演师大90周年校庆献礼剧，提高舞台感知力。

追逐影视梦想，参与江南片大学生电影节、"话青春"原创剧本大赛，积累创作经验。专业见习走进省市级电视台，参与栏目制作；前往象山影视城，参演电视剧《烈火军校》《鹤唳华亭》，多维度促进专业发展。

有担当，我们是肩负使命的戏影人

润物无声，躬身实践培育专业文化。线上全员注册志愿者，线下身体力行献爱心。参加"型动校园"志愿服务活动，协助校图书馆翻译古文达两万余字。校外走进儿童福利院，关注儿童成长。结合专业特点，组建8支暑期社会实践团队（其中3支为校重点），新建大学生暑期社会实践基地两个。奔赴苏州昆剧院，承袭昆腔雅韵，弘扬传统文化；前往山区，义务支教，助力乡村振兴。赴安徽广播电视台进行专业调研，走进行业前沿。班级累计志愿服务次数243次，志愿服务时长3 600小时。我们用行动传播青春正能量。

多样发展，典型引领彰显专业风范。学习标兵坚持多元发展品学兼优，职规达人志美行厉规划前进方向，体育健将赛场拼搏展国球风采。班级先后获2016年军训会操一等奖、运动会排舞比赛第二名，连续两年获评院级先进班集体。全员申报双创课题，其中6人获国家级立项，2人获校本科生毕业培优立项。2016级戏剧影视文学班（见图41）同学累计获奖200余次，其中国家级、省市级获奖52次。普通话二甲、英语四级通过率100%。我们在追求卓越的路上不断为班级注入青春的荣耀。

站在毕业的路口，我们将成为什么样的"戏影"人？我们的回答是：

聚焦舞台，演绎俯仰人生，我们打造戏剧小家；

绘触荧屏，走入三千世界，我们追逐影视梦想；

立足经典，发展人文底蕴，我们书写文学天地。

我们将乘新时代春风，在祖国的万里长空放飞青春梦想，在前进的道路上奋力奔跑！

图41 2016级戏剧影视文学班合影

（四）全国高校活力团支部：2015级秘书学专业团支部

当青春遇上新时代

文学院2015级秘书学专业团支部（见图42），70颗心坚定理想、锤炼本领、勇于担当，"紧跟党走，奉献青春"，与新时代同心同向，与新青春同息同行，共筑"新青年团"。

精准发力基础团建：支部更阳光

突出组织建设向心力。探索"1+X"支委设置模式，设置权益委员、记忆委员、纪律委员、新媒体委员，创新模式，优化支委结构；实施班团联席会议制度，支部与班委会一体运行，发挥支部的政治核心作用。严格执行三会两制一课，团员大会、支委会、团小组会召开常态化；团员教育评议制度、年度团籍注册制度明晰化；团课学习主题化。强化基础团务，团费考核，推优入党标准化。探索"专项+临时"支部覆盖，设置文案、会务、创意专项支部，突出专业方向性；

设置社会实践临时支部，创新团建机制，服务青年成长成才。

突出思想引领凝聚力。打造"团"聚思"享"学习教育体系，创设"秘轩开讲啦""秘青春·书风采""学长学姐微团课"等特色模块，形成团员学习常态化模式。每周宣讲党团理论、时政热点，党团联动，激发团员主体学习动力；每月开展主题团日活动，共度中秋，集体生日，阳光团建，服务人文化；每季度面向低年级讲微团课，在教育中提升自我，增强团员理想信念。

突出自我教育创新力。强化"四自"功能，43人参加党团校学习，1人参加全国青年马克思主义者培训工程班学习，2人参加"青马骨干"团学骨干培训班学习，1人参加省高校本专科学生党员网络培训班，1人参加全国高校辅导员、青年学生骨干学习十九大精神网络培训示范班学习，5人获评优秀；强化典型引领，选树优秀团员标杆26人次，预备党员4人、入党积极分子20人、2人担任新生班导，引航新生成长；强化文明创建，获20项集体荣誉。

图42　2015级秘书学专业团支部合影

突出网络宣传影响力。开通支部官方微博、微信、QQ，构建思想引领、文化之声、素质拓展栏目，累计150期软文、380万话题阅读量、601条动态，拓展红色空间，传播青年好声音；创新开展线上调研、直播，延伸服务青年渠道，助力清朗网络空间；多次获安徽共青团、学校官微点赞。2人分获安徽省2017年度"四有好网民"一、三等奖，1人入围第二届"中国青年好网民"故事征集。

精准服务青年成长：支部更活力

绘就支部同心圆。实施"团学+社团"共建模式，联合江淮秘书社，打造"秘轩"团学品牌，形成"秘轩"特色团课、青年实务秀、美妆课堂、口才"演说家"等活动项目，服务团员专业技能培养；累计面向团员、会员讲团课15期，实务交流讲座16次；"美妆课堂"3期，演讲覆盖人均3次，实务调研书稿3本，有力增强支部团员凝聚力。支部成员现任五四爱心学校、赭麓书画社、江淮秘书社负责人，个性发展，融会多元文化。

构建支部"朋友圈"。立足"基础+实践"的专业特点，创新实施"团学活动+专业实践"的活动模式。支部搭建专业活动平台，首创Office应用技能比赛，检验核心本领；公文写作比赛，考察文案技能；秘书职业能力大赛，体验职场风云；秘书情景剧大赛，演绎职场百态，形成专业性竞赛体系；服务团员成长，锻炼核心技能。首创"秘书之星"评选，树立榜样力量。

激发支部活力源。依据"专项支部+兴趣小组"实际，实施项目化组织机制，形成办文实践、会务实践、办公自动化三个专项支部，配备支部委员，支部设置科学化。累计编写校院文案1 000余份、调研报告20余万字、稿件1 092篇次、原创小说40余万字、校院级原创作品1 000余份；微信软文828期，涵盖校、院、班等多类型；服务各类讲座、大型晚会典礼、招聘会等28次，广受好评。创作消防支队专题教育材料、校院总结评比材料，设计学院宣传单页49份，校对编辑书稿《何不忆江南》、国家出版基金项目《力冈译文全集》、学院画册，剪辑视频42个。支部拓展活力源，37名团员在县区政务中心、电视台、档案馆、大型企业等实习实践，扩大专业影响力。

精准创建实践平台：支部更青春

志愿服务，彰显青春力量。支部开展学雷锋活动，线上义卖，线下调研，对口支援合肥大陆小学，助力加餐行动。捐助各类善款 5 137 元，社区义务支教 2 800 余小时，支部参与无偿献血 21 人次，全员注册志愿者，服务时长 5 000 余小时。

社会实践，践行社会主义核心价值观。支部秉承社会实践是青年成长的"试金石"，设置临时支部，发挥支部核心作用。组织团员义务支教，弘扬传统文化，助力精准扶贫。2016 年暑期，安徽南部多地遭受洪灾，支部成员自发组建团队，参与抗洪抢险，发挥团员先进性作用。实践范围覆盖 15 个省市，30 人参与国家级、省级、校级重点团队，3 人获校级先进个人，9 人获校级优秀实践成果。

继往开来，开启青春新时代。支部不断追求进步，获评校级优秀团支部、团小组，所在班级连续两年获评先进班集体，12 人分获校级优秀团员、团干。团员获奖累计 369 人次，其中国家级 11 项，省市级 155 项。考取各类技能证书 177 人次，担任校院学生干部 260 余人次，8 人现任主要负责人。团员个性发展，优秀大学生马小苏，学习标兵、自强之星谢啊英，优秀志愿者黄思蕾，体育达人梁珊，文艺骨干吴帅，事迹先后被新华网、人民网、光明网、安徽卫视、阜阳电视台等媒体报道 950 余次。

奋进新时代，放飞青春梦。在实现伟大梦想的征程上，秘书学专业 2015 级团支部将接力奋斗，绽放青春力量！

（五）安徽省五四红旗团委：共青团安徽师范大学文学院委员会

以文化影响引领青年

近年来，在学院获批教育部首批"三全育人"综合改革试点院

（系）的背景下，安徽师范大学文学院团委结合自身特色，聚焦主责主业，开展团的系列工作。切实履行团的各项职能，提升组织力，构建"四个课堂"联动育人机制，加强对青年的思想政治教育，力求基础团务有规范，工作有活力，引领青年有抓手，成长有方向。

牢固思想根基，强化组织育人

规范基础团务。积极响应从严治团号召，基础团务规范准确，严格落实"三会两制一课"，按要求审核新生团员信息，定期收取团费，确保团员证使用规范化；组织开展"青年大学习"活动，全员录入智慧团建系统，利用网络平台管理团员团干信息，规范班级团支部建设以及团员民主推优制度。60名团员获"优秀团干"称号，249名团员获"优秀团员"称号。2015级秘书学团支部获评全国高校"活力团支部"，2017级卓越语文教师实验班团支部获全省"我与改革共成长"主题团日设计大赛"优秀成果奖"二等奖。

加强思想引领。定期召开"青听青语"系列团干座谈会，及时掌握学生思想动态；组织学生参加校"青马工程培训班"，举办学院"薪火团校"学生骨干培训班；选树"十佳大学生""自强之星""十佳志愿者"等一批成长典型，发挥青春典型在育人中的标杆和引领作用；搭建"青年之家"，进行"最美地盘"建设，力求青年阵地建设"特色化""专业化""温馨化"。

优化团学体系。构建"一心双环"团学组织格局，完善学生组织体系，聘请优秀青年教师兼任团委副书记，建设专职、兼职、挂职干部相结合，符合群团组织特点、充满生机活力的团干部队伍；重视学生"四自"功能的发挥，支持学生会、社联、班级自主开展工作。院学生会获"优秀学生会"称号，江南诗社获"十佳社团"称号，赭麓书画社获"优秀社团"称号（见图43）。

151

立足第二课堂，强化文化育人

育人项目精品化。秉承"文以载道，学以化人"的院训，构建文化育人体系。完善学院标识系统、形象系统和自媒体系统，发展好话剧汇演、诗文朗诵、双迎晚会等文化精品活动，打造"我们的大学""我们的青春""我们的时光"等文化品牌。拍摄学院宣传片，形成独具特色的文化育人局面。

活动课程专业化。在素质拓展方案的设计上，推动一、二课堂联动，构建了每个专业有对口社团、各个社团有精品活动、学生人人有发展机会的平台体系，实现"专业—社团—平台—学生"互联互动、协同发展的局面；搭建"学海导航""名师导教"等助学平台，聘请国内外著名学者、专家、诗人、作家讲学。近三年来，共举办讲座98场，有效提升了学生的学术意识，拓宽了学生的知识视野。

平台建设体系化。创建打造"青春丝语"助长平台，创新大学生发展辅导站（学院心理咨询室）运行模式，构建教师对大学生发展辅导"进教室、进宿舍、进辅导站"的"三进"体系，围绕青春励志、人际交往、安全稳定等主题，组织对话成长辅导讲座，策划心理健康月、体育文化节等系列主题活动。

文化影响多元化。学院在安徽省第二届校园读书创作活动中获得12个奖项，助力学校荣获"优秀组织奖"，承办的中华诗词大会活动获全省"优秀读书品牌活动奖"，引领青年在文化浸润中成长；学生在文体比赛中尽展风采，原创戏剧作品《红黄蓝》、绘画作品《春至》分别获全国第五届大学生艺术展演甲组二等奖、三等奖，1人获《诗书中华》总决赛全国总冠军，1人获《中华好诗词》华东赛冠军，1人获2015年全球华语大学生短诗大赛三等奖，1人获安徽省第二届"国学达人"挑战赛"探花"称号，3人代表芜湖队获安徽省读书知识电视大奖赛优秀奖（见图44）。

搭建多维平台，加强实践育人

打造志愿服务品牌。学院将志愿服务与专业特色相结合，采取"育人+反哺"的实践模式，实现实践设计课程化、实践成果项目化、实践育人常态化。继续发挥五四爱心学校志愿服务品牌影响力，在芜湖10个社区开展周末爱心辅导活动，合理增加招生量，严格把关志愿者自身素质，严格考勤制度，创新课堂教学模式和教学内容，进一步提升志愿服务品牌影响力。德雅书苑自2015年成立以来，立足安徽地域特点，致力于推广优秀徽文化，近年来成果显著，"徽文化公益推广"项目获第四届中国青年志愿服务项目大赛银奖。

推动实践项目发展。文学院团委高度重视学生创新创业教育，结合专业特色，建立创新创业基地，构建了优势互补、互利共赢的实践育人机制和载体，着力提升人才培养质量。建设"文创""文网""文衣"工作室，邀请校友王大明等举办创新创业专题教育讲座。2人获安徽省职业生涯规划大赛金奖，23个项目获大学生创新创业计划国家级立项。

固化实践育人成果。暑期社会实践二年级学生全员参与，2016至2018年，共组建团队128支，其中3支国家级实践团队、2支省级实践团队、17支校级重点团队，建设12个暑期社会实践基地；1 500余名大学生走进全国50个城市乡村，义务支教10万多小时，形成教育札记5 000余份。实践事迹被主流媒体报道3 000余次。2018年，3人在团中央"镜头中的三下乡"评比活动中获奖。1支团队入围中青校园"全国百强传播力"团队，1支团队获安徽省"十佳创意团队"（见图45）。

网聚青春力量，促进网络育人

探索微时代下的青年引领方式，1人获全省微团课大赛一等奖。

同时以比赛促工作，在团支部推广微团课比赛，以青年喜闻乐见的方式将团的知识推广传播。

以"强阵地、建队伍、发声音"为基本思路，利用网络育人平台，探索网上团学互动新方式，通过微信公众号、校园新闻网打造青春文院、实力文院、美好文院。负责管理运营的教育部中国大学生在线安徽师范大学通讯站、中国青年网安徽师范大学通讯站连续3年获全国表彰。中国大学生在线安徽师范大学网通站获全国"十佳校网通站"称号，暑期社会实践获"突出贡献奖"，助力师大获"弘扬传统文化示范校"。

举办"清朗空间"网络文化节，打造有标准规范的媒体运营体系，培养有过硬网络素养的学生骨干队伍。3人在安徽省"四有好网民"中获奖。

三年来，安徽师范大学文学院团委以学生为中心，开拓进取，不断创新，发挥"四个课堂"联动育人机制，强基层，建活力，加强团学组织的建设，提升综合素养，为广大团员青年成长成才提供了重要支撑（见图46）。　　　　　　　　　　（文中数据截至2018年12月）

图43-1 "青听青语"系列团干座谈会(1)

图43-2 "青听青语"系列团干座谈会(2)

图43-3 "青听青语"系列团干座谈会(3)

图43-4 "青听青语"系列团干座谈会(4)

图43-5 "薪火团校"学生骨干专题培训(1)

图43-6 "薪火团校"学生骨干专题培训(2)

图43-7 "薪火团校"学生骨干专题培训(3)

图43-8 "薪火团校"学生骨干专题培训(4)

图43-9　团员发展

图43-10　2015级秘书学"活力团支部"

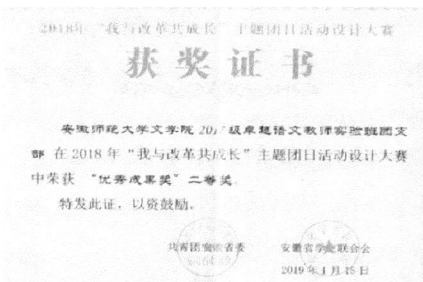
图43-11　2018年"我与改革共成长"主题团日活动
设计大赛"优秀成果奖"二等奖
图43　牢固思想根基，强化组织育人

图44-1 文学院标识

图44-2 诗文朗诵

图44-3 话剧汇演

图44-4 "我们的荣耀"院庆文艺晚会

图44-5 "我们的时光"双迎文艺晚会

157

图 44-6 "学海导航"系列讲座

图 44-7 "青春丝语"心理咨询室

图 44-8 国际秘书节

图 44-9 孔子学院日

图 44-10 "安徽省道德模范与身边好人
进校园"节目展演

图 44-11 "10·25"心理健康日

图 44-12 "畅想青春"校园合唱大赛

图 44-13 "铿锵玫瑰"女子拔河比赛

图44-14 郭精金获杭州诗词大会冠军（左二）

图44-15 熊树星获《诗书中华》
总冠军（左一）

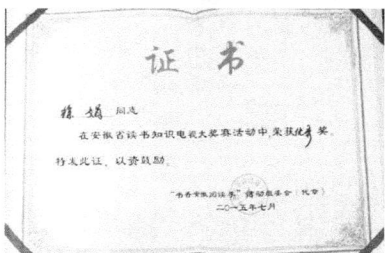

图44-16 安徽省读书知识电视大奖赛
优秀奖

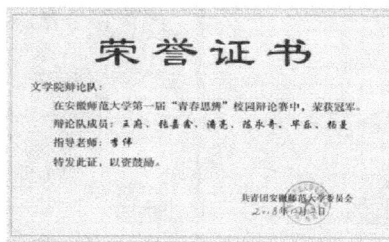

图44-17 文学院辩论队在校园辩论赛中夺冠

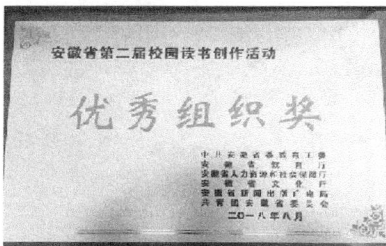

图44-18 安徽省第二届校园读书
创作活动优秀组织奖

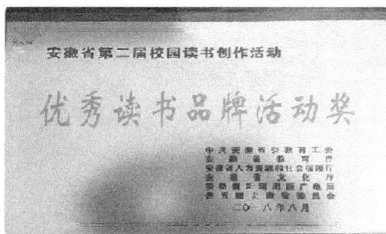

图44-19 安徽省第二届校园读书创作
活动优秀读书品牌活动奖

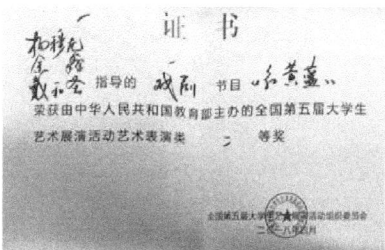

图44-20 原创戏剧作品《红黄蓝》获全国第五届大学生艺术展演活动艺术表演类二等奖

图44 立足第二课堂，强化文化育人

图45-1　大学生社会实践基地建设

图45-2　对话少先队员

图45-3　实践育人常态化

图45-4　"五四爱心学校"日常支教活动

图45-5　文学院赴"承民俗心,传时代情"
　　　　剪纸团队社会实践优秀图片

图45-6　文学院赴小岗村改革创新精神
　　　　调研团队社会实践优秀图片

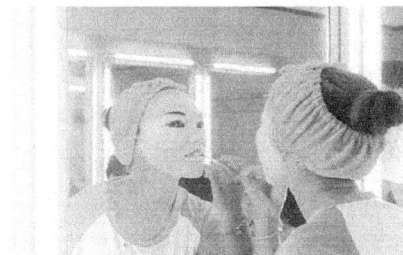

图45-7　文学院赴苏州迤逦昆曲团队
　　　　社会实践优秀图片

图45-8　文学院赴宣城水东探访
　　　　皮影团队社会实践优秀图片

图 45-9　创新创业项目基地建立

图 45-10　吴珊珊获安徽省大学生职业规划设计大赛暨大学生创业大赛金奖

图 45-11　暑期实践团队获社会赞誉

图 45-12　主流媒体报道

图 45-13　五四爱心学校、德雅书苑获中国青年志愿服务项目大赛银奖

图 45　搭建多维平台，加强实践育人

图46-1 网络育人平台文学院官网

图46-2 网络育人平台文学院微信公众号

图46-3 十佳校园网络通讯站

图46-4 优秀校园通讯站

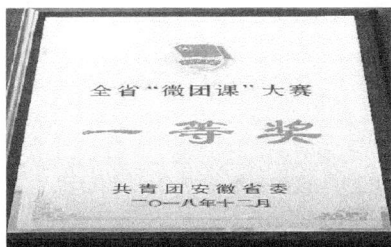

图46-5 全省"微团课"大赛一等奖

图46-6 "四有"中国好网民叶诗平

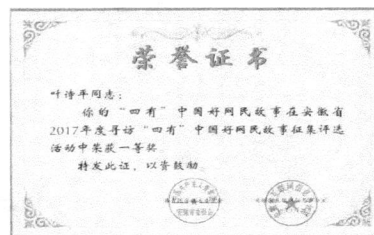

图46 网聚青春力量，促进网络育人

（六）优秀党支部：秘书学、戏剧影视文学专业本科生党支部

立足"四个+"，努力打造活力支部

文学院秘书学、戏剧影视文学专业本科生党支部以党建引领、标准化建设、组织育人为目标，夯实基础，打造特色，激发活力。

扎实推进基础党建：支部更规范

支部现有正式党员15名，预备党员12名。其中教工党员1名、学生党员26名，涵盖4个年级、3个专业。

围绕标准化建设，支部健全各项组织制度，规范"三会一课"，推动"两学一做"。开展组织生活会18次、主题党日活动25次，严格党员发展、强化教育培养、规范党费收缴，发挥好党员的先锋模范作用和支部的战斗堡垒作用。

精准发力特色党建：支部有亮点

结合学生党支部实际，发挥以专业建支部的特点，构建"4个+"模式，以党建育时代新人。

一是"党建+团建"。党建引领方向，团建构筑平台，共同绘就思想引领同心圆。加强顶层设计，党团联动，资源互通。抓好"双重身份"，学生党员率先垂范。打造特色品牌，开设"秘轩"系列团课、青年实务秀等党团活动。2015级秘书学团支部获评全国活力团支部。

二是"支部+专业"。以支部促专业发展，学生党员在就业、学风建设、宿舍管理等重点工作上发挥模范作用，做好帮扶对接。参与专业重点工作，助力秘书学专业完成省教育厅评估，获优秀等次。所在5个班级获评学院先进班集体。以专业促支部建设。支部成员发挥专业特长，规范制度和档案管理，以党小组为单位开展实务调研，追求

163

知行合一。戏剧影视文学专业拍摄网络视频6部，固化学习成果，打造支部文化品牌。

三是"老生+新生"。从新生入学到毕业生离校，从薪火团校到党员培训班，设立党支部"班导"制度，以党员带动入党积极分子，以高年级党员带动低年级学生，保障支部的中坚力量始终存在，支部的良好传统得以传承。

四是"互联网+传统优势"。立足线上线下，形成资料库。拍摄微团课、微党课视频，依托网络媒体进行宣传交流，保障学习全覆盖。开设思想引领、文化之声、素质拓展等栏目，开展线上调研、直播，传播青年好声音。207期软文、500多条动态，获安徽省共青团、学校官微多次点赞。

全面构筑活力党建：支部显成效

在加强自身建设的基础上，支部积极为学院"三全育人"综合改革试点工作贡献力量，立足四个课堂联动模式，强化党建引领，做好组织育人。

服务"三全育人工作室"建设，强化学生党员"四自功能"，认真践行全员育人。从适应性教育到文明离校教育，从寒假实践到暑期见习，优化党员培养模式，积极助力全过程育人。发挥支部成员在学习、生活、创新创业等方面的示范带头作用，努力探索全方位育人。

支部成员累计获奖166项，考取技能证书117人次；担任校院学生干部30余人次。涌现志愿服务典型宁嘉惠、李维岩，网络引领典型马小苏、叶诗平，专业学习典型谢啊英、袁莎，创新创业典型王韵，优秀大学生士兵王舒南等一批学生。

走出校园，支部成员在社会舞台绽放青春活力。参与组建社会实践重点团队26支，设置临时党支部，义务支教，弘扬传统文化，助力精准扶贫。当多个实践地遭受洪灾，支部成员自发组队，参与抗洪抢险。实践事迹被人民网、光明网、阜阳电视台等媒体报道300余次，产生良好社会影响。

立足"四个+"模式，打造活力支部。未来，支部将立足基点、严抓重点、突出亮点，以标准化、特色化、实效化为方向，更好地发挥党支部的作用，不忘初心、牢记使命，凝聚和引领青年成长！

（文中数据截至2019年12月）

二、个人典型

（一）"师大骄子"十佳大学生

1.第十四届"中国青年五四奖章"获得者、安徽省优秀共产党员、安徽省第六届"优秀青年志愿者"：吴青山

谱写五四乐章，耕耘满园爱心

吴青山（见图47），男，1984年6月生，中共党员，安徽师范大学2009级语言学及应用语言学专业硕士研究生。坚持把奉献社会作为实现人生价值的追求，创办全国首个爱心家教组织——五四爱心学校，为贫困学子提供无偿家教服务。2004年以来，坚持志愿服务长达八年，带领大学生志愿者无偿帮助寒门学子，志愿服务从芜湖扩大到全国。热爱党的教育事业，兼职担任本科生辅导员，关爱每一位学生，引领学生成长成才。他把共产党员发挥先锋模范作用落实在每一件平凡无华的小事上，把当代青年的时代精神和价值追求，付诸长期坚持的爱心助学行动中，是青年志愿者的优秀代表。

图47 "师大骄子"吴青山

带头学习实践，做示范引领的时代新青年

坚持在不断学习中增强党性、提高修养。吴青山把勤奋学习作为

人生进步的阶梯，多年来直面生活的挫折和困难，以不懈的努力实现了求学成才的梦想。在大学本科期间，吴青山就加入了中国共产党。始终坚持以党员标准严格要求自己，认真学习马克思列宁主义、毛泽东思想、邓小平理论和"三个代表"重要思想，学习科学发展观，学习党的路线、方针、政策和决议，学习党的基本知识，增强党性，提高修养。认真学习《国家中长期教育改革和发展规划纲要》，牢记党的宗旨，掌握科学文化知识，努力提高为人民服务的本领，以强烈的责任感和使命感，不断发挥党员先锋模范作用。

坚持在不断实践中增长才干、提高本领。吴青山坚持把社会实践作为第三课堂，在社会实践中丰富知识、提升能力、拓展素质，诠释了当代青年健康成长的正确道路。研究生期间，吴青山在专业学习上勤奋务实，善于思考，积极参加学术讨论，踊跃发表学术论文；注重学以致用，在导师的指导下进行国学的研究与运用，并协助导师组织开展了芜湖市首届公民德行教育公益大讲堂，引起广泛关注。作为兼职辅导员，认真学习业务知识，不断提升业务能力，在学校举办的首届辅导员技能大赛中荣获一等奖。

用心关爱成长，做学生的人生导师和知心朋友

吴青山 2009 年 9 月开始担任文学院兼职辅导员，注重引领学生成长，真诚对待每一位学生，力促学生成人成才成功。

注重思想引领，教育学生成人。重视在学生中开展爱国主义教育和革命传统教育，抓住每年的建党、建国等重大节庆日，组织学生参观王稼祥纪念馆等，开展革命故事宣讲、烈士陵园祭扫等主题教育活动；教育学生养成良好品行，将孝亲感恩纳入专题教育，举办"孝亲·感恩"讲座，布置"感恩父母"特殊寒假作业；引导学生学会大爱无私，玉树地震时带领学生积极募捐。在创先争优活动中，学校发起"在全校青年学生中广泛开展向吴青山同志学习活动"。在他的引

导下，80%的学生积极参与志愿服务，不少学生坚持了三年。

真心关爱学生，服务学生成长。吴青山对每一位学生都做到"五知"，知学生家庭基本情况、知学生思想状况、知学生兴趣爱好、知学生成长规划、知学生现实表现。他的手中有这样一份"特别档案"，记录着每一位学生的学业、奖惩、性格、特点等详细资料，并伴随他们的成长不断更新。他从未关过手机，学生生病时、受挫时、迷茫时，总能在第一时间找到他。

搭建活动平台，引导学生成才。吴青山努力为学生提供锻炼、成长的平台，针对专业特色开展形式多样的第二课堂活动，举办"走近优秀大学生"系列讲座、典型事迹宣讲等，引导学生争优秀、当先进；开展秘书实务技能大赛、汉文化魅力巡演等，强化学生专业技能；创办《秘书窗》专业杂志，创建留学生偏误语料库等，提高学生动手能力；引导学生向实践学习，带领学生走进社区，深入农村，从义务授课到全方位关注，了解国情，服务社会。他所带的98名本科生中，获校级奖项50余人次，省级以上奖项20余人次，张睿娟获国家奖学金、全国大学生英语竞赛特等奖，王坎等14人次获全国大学生英语竞赛二、三等奖，岙晓霜在芜湖市大学生写作大赛中获三等奖，在省级以上刊物发表文章20余篇……

谱写五四乐章，让穷孩子享受免费家教

创建五四爱心学校，坚守爱心阵地。吴青山生长在大别山区的贫困农民家庭，出身寒门的他依靠哥哥弃学打工才圆了大学梦，深知贫困孩子求学之艰辛。2004年12月，吴青山创办全国首个爱心家教组织——五四爱心学校，让穷孩子享受免费家教。吴青山不仅坚持志愿服务近八年，更带动大学生志愿者，在爱心支教岗位上尽心尽力、风雨无阻，免费辅导贫困学子。

2009年9月，吴青山考上安徽师范大学研究生，回校后的第一件

事，是重回五四爱心学校，做一名普通的志愿者。他和志愿者们一道，完善了《五四爱心学校志愿服务章程》《五四爱心学校教师公约》，制定了《五四爱心学校学生手册》《五四爱心学校工作日志》《五四爱心学校选拔用人方案》《五四爱心学校一对一帮教制度》《五四爱心学校活动规划》等规章制度，加强五四爱心学校的制度化建设。同时，积极开拓教学分校，加强对外宣传，扩大志愿者队伍，推进规范化管理。"五四爱心学校已经不再是8年前凭着激情运转的志愿者组织，而是一个能够传承下去的爱心平台。"目前，五四爱心学校已拥有十几个教学分校，辅导内容涉及课业辅导、心理健康辅导、美德教育等方面，有健全的管理制度体系和质量保证体系。"这样，即便我们离开学校，也不用担心它的发展。"吴青山着眼更加长远的未来，打造这个爱心阵地。

拓展志愿服务内涵，筹建"五四爱心基金"。开展受助学生生活及心理状况调研是吴青山在爱心助学活动中必做的一件事。2010年4月，通过问卷调查了解到他们帮扶的部分学生因家庭经济困难生活十分拮据，吴青山便开始在师大校园里倡导发起了"五四爱心基金"，带领志愿者们变卖废旧书籍，筹集首笔爱心基金万余元，全部用于资助贫困学子读书。目前，爱心基金已成为爱心助学的重要内容。"我是一个生活在边远小山村的孩子，我想读书，很想，很想！……就在我最需要帮助的时候，爱心学校的老师伸出了援手，我一定不辜负你们的期望，更加努力地学习。"云南腾冲明光乡小学生麻爱凤的感谢信，道出了受助者的心声。

践行志愿精神，做新时代雷锋。吴青山积极响应党中央"向雷锋同志学习"的号召，把个人追求与祖国的发展、人民的需要联系在一起，把志愿服务作为砥砺品德的人生体验。在校团委统一安排下开展了雷锋故事宣讲系列活动，在院党委的统一部署下策划了"学雷锋

169

年"活动方案，带领五四爱心学校的志愿者深入各教学分校，开展"雷锋故事大家谈""雷锋歌曲大家唱""雷锋日记大家读""雷锋精神大家传"等系列活动，深入社区"五保"老人家庭打扫卫生、亲情陪护等，在群众中引起较好反响和广泛赞誉。坚持把社会实践作为第三课堂，每年暑期都组建支教团队并亲自带队，前往宁国中溪、六安固镇、阜阳王家坝等地，走进农村，深入社区，支教惠农，默默奉献，用实际行动诠释着"奉献、友爱、互助、进步"的志愿精神。

吴青山虽然只是一名普通的大学生，但他八年如一日坚持志愿服务，特别是创建五四爱心学校，带领大学生志愿者为贫困学子提供免费家教的事迹，在社会上引起广泛关注。2011年12月4日，《中国青年报》以《吴青山：让穷孩子享受免费家教》为题进行了报道……以他的事迹为原型创作的话剧《太阳》、诗歌《青春的图腾》等艺术作品，被搬上"安徽省第二届大学生艺术展演"、学校迎接教育部本科教学评估汇报演出等舞台。2010年5月4日，团中央、全国青联授予吴青山"中国青年五四奖章"。

【人民日报】身边的感动：吴青山 穷孩子的免费家教

8年来，他组建五四爱心学校，为2 400多位寒门学子提供免费家教服务；大学生志愿者从十几人发展到几千人，志愿服务从市内扩大到全国。他，就是安徽师范大学对外汉语教学方向的研究生吴青山。

【镜头一】

再见吴青山，离最初的采访已过去3年，眼前的他比以前略有发福，但书生气十足的脸上依旧挂着灿烂的笑容。"还在五四爱心学校吗？""还在，现在主要是做指导和志愿者工作了。"吴青山呵呵地笑着，时光荏苒，学校创办已8年了。

一次偶然的机会，在安徽师范大学中文系读书的吴青山了解到，学校所在的芜湖市，很多老小区，特困、单亲家庭多，孩子的学习普遍跟不上。"能够帮帮他们，该有多好？"吴青山说干就干，跟同学一起，联系了第一个社区。

2004年12月11日，天空渐渐沥沥下着雨，清晨7点，吴青山和十几位志愿者搭车到社区，开始了第一堂家教课。

然而事情并非想象中那么容易。免费家教工作辛苦、烦琐不说，还得自己补贴各项费用，摆在眼前的困难，浇熄了很多人的热情，第一次家教后，志愿者走了一大半。

"你们还干吗？"社区负责人质疑。

"一定要坚持，哪怕只剩下我一个人。"吴青山拍着胸脯保证。

他给自己的这份"家教"工作起名"五四爱心学校"。"就是要告诫自己，一定要正儿八经做好这件事！"那一年，吴青山刚满20岁，他的确坚持了下来，大二之后的3年里，吴青山所有的周末，都在社区家教课堂里度过，3年来，寒来暑往，从未缺过一堂课。为了让"五四爱心学校"惠及更多社区，吴青山利用休息时间，在芜湖市各个社区联系新教学点，公交车站牌烂熟于心；为了维持五四爱心学校，吴青山每月仅留下最低生活费，将业余打零工的钱和奖学金全部拿来补贴爱心学校……

吴青山为什么这么坚持？他出身穷苦，40平方米的草屋、几亩薄田，是他家唯一的资产。坚强的父亲努力地操持着这个家，供他和哥哥上学。尽管如此，贫困还是让这个家庭不得不做出抉择，勤奋好学的哥哥在考上重点高中后不得不辍学，将宝贵的机会让给了吴青山。

【镜头二】

当14岁的胡鹏飞在社区组织的演讲比赛中，勇敢地走上前台时，奶奶张丽华简直不敢相信：这还是自己家那个内向的胖小子吗？"未来，我要当一名教师，把爱心学校老师们传给我的爱传递给更多的人。"胡鹏飞

171

说完，台下掌声雷动。

在镜湖区殷家山社区关工委陶家群老师的带领下，记者来到了初一学生李慧的家。看见记者来了，身有残疾的父亲默默地拄着拐杖回到里屋，妈妈在旁边告诉记者，家庭原因造成孩子性格内向，但是在爱心学校老师的帮助下，孩子不仅成绩有了提升，性格也开朗多了。"你的目标是什么？""上大学！"李慧坚毅地说。

8年来，五四爱心学校先后有4 400余名大学生志愿者，为2 400多位寒门学子提供了数万小时免费家教服务。爱心的接力，让"五四爱心学校"事业枝繁叶茂。

爱心，不仅在芜湖蔓延，更延伸到了全国。2011年暑假，"五四爱心学校"动员1 000余名大学生志愿者走进农村，深入社区，支教惠农。

一封小小的书信，稚嫩的笔迹，诉说着来自云南腾冲明光乡小学生麻爱凤的感谢："我是一个生活在边远小山村的孩子，我想读书，很想，很想！……就在我最需要帮助的时候，爱心学校的老师伸出了援手，我一定不辜负你们的期望，更加努力地学习。"

吴青山说，每一份感谢，志愿者们都如宝物般珍藏着，成为五四爱心学校坚持下来并发展壮大的精神支柱。

【镜头三】

每个周末的早上6点，当舍友仍在酣睡时，安徽师范大学中文系学生郭冰清都会按时起床，蹑手蹑脚地洗漱完毕，乘坐公交、转车，耗时1个小时，赶到东门社区上课。寒来暑往，社区里的孩子不仅仅是她的学生，更成为她的牵挂。

采访时，吴青山请记者多写写五四爱心学校和志愿者们，"五四爱心学校，早已经不再是我个人的行为，是一大批志愿者在无私奉献。"

"为什么每个人都如此坚持？"记者问。

"除了辛苦，就是平淡，但却让我们充实，让我们互相感动，让我们拥有激情。"几位接受采访的志愿者如是说。有的志愿者，一坐车就晕车，却能转几趟公交，去最远的郊区上门家教；每周五，为了备课，志愿者们熬夜讨论，累了，就在课桌上趴一会儿；虽然手头拮据，但是志愿者的路费、饭费几乎都是自己买单，碰到家庭困难的孩子，经常还会慷慨解囊……

章磊、丁黎、宛婷、蒋诗军、刘建全、陈晨、王亚周……这是历任五四爱心学校校长的名字，随着大学学业的结束，每个人都不得不离开学校，但是这份爱心一直传承了下来。对于五四爱心学校的志愿者们而言，爱心学校的理念已经深入心田，那就是：爱心、奉献、坚持。"我们不觉得自己干了什么大事，只是觉得这是当代大学生的一份责任，我相信这份爱心会不断接力下去。""五四爱心学校"负责人伍辉说。

吴青山2009年考上了安徽师范大学对外汉语教学方向的研究生，回校后的第一件事，是重回五四爱心学校，做一名普通的志愿者。他和志愿者们一道，制定了五四爱心学校的工作日志、选拔用人规章、一对一帮教制度。2010年4月，在他的倡议下，五四爱心学校发起成立五四爱心基金会，首期募集爱心基金6 000余元，以资助贫困学子读书。"五四爱心学校已经不再是8年前凭着激情运转的志愿者组织了，而是一个能够传承下来的爱心平台。"吴青山认为，"这样，即便我们离开学校，也不用担心它的发展。"

＊　　　　＊　　　　＊

2.第九届"师大骄子"十佳大学生：徐雅萍

角色·成长·担当

徐雅萍，女，汉族，1992年7月出生，中共党员，文学院2010级秘书学专业本科生，中国古代文学专业2014级研究生，安徽师范大学第九届"师大骄子"十佳大学生。曾任中国高校传媒联盟大学生记者、校高校传媒联盟副社长、文学院学生会主席、班长。现为安徽师范大学文学院辅导员、团委书记。一路走来，她在不同角色中经历成长，描绘青春，感悟担当与责任。

夯实基础，积极向上，她努力做德才兼备的学习示范生

2011年志愿加入中国共产党。中共安徽师范大学委员会第九次、第十次代表大会学生党代表。本科期间成绩优异，连续四年获得校"优秀学生一等奖学金""朱敬文奖学金"，以及"三好学生标兵"称号，取得文学学士、法学学士双学位，获评安徽师范大学优秀毕业生、安徽省"品学兼优"毕业生，获得安徽师范大学首届本科生"朱敬文特别奖学金""中国电信奖学金"，保送至本校中国古代文学硕士研究生。

研究生期间认真学习，提高科研能力。论文收录至《求真·寻路——2014年度安徽师范大学本科生科研论文大赛优秀作品集》，现已出版。参与编辑《导游综合知识》中国旅游文学一章，现已出版。一篇论文发表至省级期刊《秘书之友》，一篇发表在《江苏师范大学学报》（哲学社会科学版）。2015年赴浙江师范大学参加长三角江南文化与中国社会发展研究生创新学术论坛，荣获二等奖，并作为获奖代表进行汇报发言。跟随导师王昊老师，参与教育部人文社科基金项目"明清咏剧诗整理与研究"，承担安徽师范大学2014年度研究生科研创新项目一项。连续两年荣获"优秀研究生干部"称号，获优秀研究生新生奖学金、国家奖学金等。

立足本职，追求卓越，她努力做知行合一的工作排头兵

作为文学院学生会主席，她组织开展专业技能类活动，举办"学海导航""与作家面对面"等专题讲座，与《大江晚报》、芜湖市诗歌协会联合举办原创诗歌朗诵会。举办话剧汇演和诗文朗诵等大型专业

专场晚会；打亮"汉文化魅力巡演"品牌；实现校"铿锵玫瑰"女子拔河比赛三连冠。组织参与薪火团校骨干培训班；切合时代节点做好"与信仰对话"等主题活动；"学雷锋年"等系列活动，累计开展帮困支教、无偿献血、敬老助残等志愿服务活动30余项。带领院会获评校"优秀学生会"。

作为班长，她主编秘书学专业刊物《秘书窗》；组织《秘书实务》调研，共带领班级同学开展专业学习、校园文化和志愿服务活动40余项。

作为中国高校传媒联盟大学生记者、校传媒联盟副社长，立足校网平台撰写大量鲜活报道，组织参与"青春原创吟诗会"，助力师大传媒联盟获得"百度校园传播媒体合作伙伴"资格。她先后获得校"优秀通讯员""优秀学生记者""优秀学生干部标兵"等称号。

投身实践，服务社会，她努力做热心公益的新兴职业人

立志在实现个人梦想和彰显时代价值中追求自我成长，在不断总结实践成果基础上制定的"留守儿童家长"职业规划，代表学校参加安徽省"昆山花桥杯"第七届大学生职业生涯规划设计大赛暨大学生创业大赛，获得金奖和"十佳规划之星"称号，赛后作为获奖选手代表接受了安徽电视台的采访。获安徽师范大学第六届"挑战杯"大学生课外学术科技作品竞赛三等奖，2014年"创青春"全国大学生创业计划竞赛银奖。

毕业后留校担任本科生辅导员。加强自身学习，荣获安徽师范大学辅导员职业能力大赛特等奖，获安徽师范大学新生军训"优秀指导员"、学生工作优秀典型案例评比二等奖、就业创业指导课大赛三等奖。创新专业建设，打造国际秘书节系列活动，现已成为秘书学专业品牌。所带班级获评文学院优秀班集体，多名学生保送或考取暨南大学、同济大学、中国传媒大学等高校。培养出文学院学生会主席、研究生支教团成员等多名学生骨干。

立足专业特色，参与暑期社会实践活动，带领国家级、校级重点团队关爱留守儿童、传承传统文化，获安徽师范大学"三下乡"社会实践活动"优秀指导教师"称号、全国大学生暑期实践季培训班"优秀学员"称号，教育部中国大学生在线"喜迎十九大 最美中国行"暑期社会实践成果展"优秀指导教师"。2014年带领获团中央立项的安徽师范大学文学院赴井冈山"红色故事采编演绎"团队，荣获国家级"优秀团队"二等奖、校级暑期社会实践优秀团队一等奖。参与编辑安徽师范大学文学院学生社会实践活动优秀作品集《风景这边独好》，现已出版。

担任文学院第53期入党积极分子培训班、第3期党员培训班班主任，举办理论教学12场，实践活动11次，视频教学6次，交流研讨8次，收集优秀征文30余份，集结成党刊《追求》。文学院分党校获评校"优秀分党校"，个人获分党校"优秀班主任"称号。

广博精深，学以致用，她努力做师大精神的切身传播者

原创诗歌《青春的图腾》获校第八届"青春华章"诗文朗诵大赛一等奖，成为徐雅萍（见图48）在校纪念共青团成立90周年主题晚会的表演节目；作品《青春之歌》获校第五届读书报告会一等奖；作品《怀揣梦想，聚焦新时代的雷锋》，获校"学雷锋、讲文明、树新风"演讲比赛及演讲稿征集二等奖；作品原创剧本《拯救绝望》获文学院第十七届话剧汇演二等奖；大学生心理健康调研报告《谁偷走了她的幸福》和"学风建设年"专稿《加强师德师风建设 谱写教书育人新篇》刊登校报。先后在《皖江晚报》、马鞍山电视台《1818新看点》、安徽卫视公共频道《夜线60分》担任实习记者，完成的30余件新闻作品成功播发，引起社会广泛关注。先后在人民网、光明网、新华网等国家级、省市级主流媒体发表稿件500余篇次。

图48 "师大骄子"徐雅萍

"日日行，不怕千万里；常常做，不怕千万事。"回首过去，她悉心浇灌自己的梦想，让梦想成真。展望未来，她必将用心感悟，用情演绎，用青春和智慧，谱写更加多彩的人生！

*   *   *

3.第十届"师大骄子"十佳大学生：王珊珊

奋斗，为最美的青春

王珊珊，女，1991年6月生，中共党员，安徽师范大学文学院2011级汉语言文学专业学生，北京大学2015级新闻与传播学专业硕士研究生，现就职于好未来教育科技集团并担任文化主管，从事品牌管理及文化传播相关工作。

大学四年，她勤学善思，多次获得校一等奖学金和省级创新大赛金奖，志愿服务积极奉献，综合素质全面突出，并被保送至北京大学中文系。读研阶段，她积极投身文化实践，参与策划了一系列以文学经典、绘画艺术、古典音乐为主题的互联网人文类节目。毕业后，她进入教育科技行业，在科技如何推动教育进步、如何赋能教育公平的方向上不断深耕。一路走来，她始终追随内心的声音，践行自己的追求与梦想。

177

四载春光，执着求索

春天是一年中最具生命力、最充满活力的季节。对于自己的大学生涯，王珊珊选择了用"春天"来形容。她说："大学四年对我来说就像四载春光，是我人生中最美好、最难忘的回忆。"

在安徽师范大学文学院的求学生涯中，王珊珊始终将读书放在第一位。自入学起，她就养成了泡图书馆的习惯：在清晨的花津湖畔晨读，在午后洒满阳光的自习室享受悠闲的阅读时光，或温习功课，或饱尝文学经典，又或是抱起一本跨专业的社会学、天文学论著，探索学科之外广袤无垠的世界。"很多人说我是'学霸'，其实我很清楚自己并不是。真正的学霸能够非常专注地投入学习研究之中，他们是值得敬佩的。但我比较随性，什么书都翻，画册、影集甚至报纸杂志也都爱看，我觉得读书是一件非常放松和幸福的事，尤其是在这么美好的大学校园中。它无关'刻苦'，无关'自律'，它是个人的习惯，也是一种生活状态，它能祛魅、去戾气，也能让我始终保持内心的平静。"

可能是因为长期的阅读积累，即使从不在考前"头悬梁锥刺股"，她也能取得不错的成绩——三次校一等奖学金、一次国家奖学金、一次朱敬文奖学金。在此同时，她还发表了《"无我之境"类型探析》《论李商隐诗歌色彩运用的艺术成就》等学术文章，获得了国家创新创业项目2项立项，摘取了省级师范生技能竞赛的特等奖及省级创新创业大赛的金奖。

可能因为专业功底和能力素养十分过硬，尽管专业成绩第6的排名并非亮眼，但她最终还是被北大中文系录取，成为当年安徽省唯一一个直接被保送北大的推免生，而与此同时，她已经收到了清华、浙大、中国社科院的复试通知。

"当时觉得特别意外，因为知道清北在选择推免生时一般只要第一名，自己差这么远，竟然走到了最后。但仔细想想，自己对于学业、学术、活动、竞赛，对待每一件事，又确实是很执着的。专业课没明白的地方，不论是追着老师还是同学，又或者扎进图书馆查资料，总要一直到彻底弄懂为止。做学术、写文章，沉下心来闭关，去啃一本又一本厚重的古籍原典，抄写、记录、归纳、总结，反复请教导师，反复修改而后成文。参加的项目、活动和比赛，在想清楚战略战术之后，就迅速投入细致的备战中，直到自信上场。"静心笃定，执着求索。她说，自己的四年大学，没有一丝遗憾。

守正创新，学成博雅

2015年9月，王珊珊来到北大求学。在不断修习文学艺术与媒体传播这两大块课程内容的过程中，她对于"传统出版业在互联网新媒体时代下的处境"这一课题产生了兴趣：在互联网新媒体冲击下，饱含巨大精神文明价值的传统书报业如何融合创新，在新的时代背景下焕发新的活力？

"中文系的课程对于提高我的文学素养、夯实文字功底起到了很好的积累作用，而新闻传播的相关课程又能让我不泥古、不局限，关注当下的时代语境与文化传播格局，以更加与时俱进的眼光去审视自身与周遭。文学与传播学的相互碰撞和相互融合，让我既对文字出版行业心怀敬意、心生向往，又清醒地看到新媒体影像时代的到来对于各个行业的冲击甚至重构。"带着这种思考，她先是和自己的导师陈平原老师、王风老师进行交流，在得到支持与建议后，她申请加入了业内知名的出版社"理想国"进行实习，并在视频部"看理想"担任实习编导，开始了对"出版影像化"的探索。

所谓"出版影像化"，既不同于将纸质文字直接变为电子文字的"数字出版"，更有别于电影、音乐等声画出版。简单来说，"出版影像化"一方面是将传统出版——编辑帮助作家出版一本书，转变为编导与编辑一起，合力为作家量身打造一档文化节目，以作家某本书的内容为核心、以书中的故事或人物为线索，形成互联网短视频或纪录片。另一方面，借助互联网的传播力与新媒体声像的感染力，为传统出版行业注入更强大的商业价值，让作家与编辑都享有更好的收益，能够不用顾虑太多经济压力、更有尊严地创造更大的文化价值。

在这一理念指导下，她参与策划了一系列文化垂直类节目，包括为作家梁文道量身打造的读书节目《一千零一夜》、为艺术家陈丹青打造的绘画节目《局部》、为音乐人马世芳打造的音乐节目《听说》等，在圈内获得良好口碑的同时，点击量亦达百万。"其实吃了很多苦，除学校里专业课、作业及论文之外的时间都花在了做这件事上，下了课就坐一个多小时的地铁去公司实习，晚上去现场跟拍到12点，第二天一早再继续回学校上课或去公司写策划案。但因为是跟一群志同道合的人一起做自己喜欢的认为有意义的事情，所以觉得苦中有甜，很值得。"

用影像的精致做出版，用出版的精神做影像。在近一年的探索加实践的过程中，她将自己的作品及其心路历程梳理成文，作为自己的毕业作品，得到了评审团的高度肯定。

在答辩评阅时，北大中文系王风老师这样评价："这一系列作品，对传统出版行业在互联网新媒体时代的发展境遇，有较为独特的观察。能够主动去思考如何帮助传统书业更好延续与创新，如何将有价值的文化内容通过新的媒介手段进行更加广泛传播，体现了作者较为敏锐的眼光，以及处理新兴问题的锐气。"中国社科院研究员季剑青也评价道："作者对互联网时代新媒体业态的特征、优势和发展前景有较为深入的理解，并能利用自己在研究生期间积累的文学素养和传媒知识等资源，将传统出版业包含的精神内容，与互联网新媒体的技术优势有机地结合起来，在充分考虑受众需求、高雅文化传播和商业

我们的青春

思想政治工作巡礼(2012—2019)
安徽师范大学文学院学生

合作等因素的前提下，设计出了别开生面并获得认可的文化节目。"

守正创新，知行合一。毕业那天，她在北大图书馆的毕业墙上写下"学成博雅，毕生衷情"。

回归初心，砥砺前行

读书生涯结束后，王珊珊面临着择业的选择。毕业师生宴上，导师陈平原教授的一番话，让她坚定了职业方向——投身教育。

毕业宴上，陈平原与学生们分享了自己入藏调研考察中国教育资源现状的经历。他说，中国教育资源不均衡的问题相对突出，偏远山区几乎没有优秀的教育人才和优质的教育资源。陈平原是一位非常关注中国教育体制改革的学者，近几年他亲赴国内外大学、中小学进行调研，不断思考中国教育的创新与发展。

"当时陈老师刚从西藏回来，身体还没完全休息恢复。但他非常铿锵有力地告诉我们，国家现在需要我们去肩负哪些责任和使命，社会需要我们去改造和解决哪些问题。他说，我对你们的要求，首先是要做一个好人，其次做一个对社会有帮助的人。直到今天，字字句句，犹在耳畔。"

毕业后，王珊珊毫不犹豫地投身教育行业。她判断新时代背景下，互联网、大数据、人工智能等新兴科技迅速向各领域溢出，一定可以加快对行业进步的赋能。于是，她选择进入了业内一家著名的教育公司好未来教育科技集团工作，开始思考中国的教育资源均衡化和教育公平化问题，探索如何用科技助力教育公益。

一年左右的工作中，她参与组织了上海、成都等多地公办教育与民办教育融合发展研讨会，倡导公办力量与社会办学力量相互合作，共同推动中国教育更好地发展。她前往美国参加全球教育科技峰会，并作为项目负责人将中国企业的前沿教育科技成果传播到国际，让世界看到"中国教育力量"。她积极推动"用科技推动教育进步"的理念，推广公司研发的"双师课堂"模式、"魔镜系统"智慧教师解决方案、"云学习"平台等教学产品到教学力量薄弱的地区。她认为，将优质的教育资源输送到偏远山区和贫困地区，这比在当地建漂亮的校舍，或是给当地孩子捐钱捐物更有价值。因为，知识是真正能够帮助这些孩子改变命运的。

"就以之前特别火的'冰花男孩'事件为例吧，因为山路崎岖，小男孩每天不得不在刺骨的冬天步行去学校上课，冒着零下十几度的严寒走2个多小时的山路，所以头发上结满冰花，脸颊冻得通红，这真的很令人心疼。当时很多人要给这个男孩捐钱捐衣，可这真的能解决教学资源缺失的根本问题吗？如果孩子在家就能上课呢？如果北上广最优秀的教师可以通过AI技术与山里的孩子'面对面'上课呢？如果孩子们拥有自动批改作业和随时辅导功课的'口袋老师'呢？通过先进的技术，这些教育问题在一步步解决，我觉得很有价值，也很有成就感。"

在北大念书的时候，王珊珊（见图49）听过学长张邦鑫说过一句话："做好教育就是最大的公益。"那时候对于这样一句简单到听起来有点空的话，她不是很明白。而今天，当她了解到这位北大师兄在为中国教育所做的努力，当她加入张邦鑫的公司投身于教育科技行业，她说，她才真正地，从心底里理解了这句话。

图49 "师大骄子"王珊珊

王珊珊的书桌前，一直挂着一条五彩绳。那是毕业前的那次宴会上，导师陈平原从西藏带回来并一个一个亲手交给他的学生，寓意平安。王珊珊一直挂在桌前，她说不仅仅是因为它本身的寓意，也是不断提醒自己，要始终铭记导师的叮咛。"有时候工作特别忙或者看到别人都在享受'大好时光'而自己周末还在加班的时候，会有一些动摇。有时候工作、生活或是情感上遇到阻碍的时候，也会觉得有点累。但只要看到那个五彩绳，想到陈老师当时说的话，就坚定了继续坚持下去的信念。"

首先要做一个好人，其次要做一个对社会有帮助的人。师范出身的王珊珊最后选择了教育这条道路，某种程度上，像是回归了原点。而为什么会回到这个原点，她说很简单："原点"即"初心"。她只是听从内心的声音，一步一步去抵达她要去的地方。

＊　　　＊　　　＊

4.第十一届"师大骄子"十佳大学生：李雅雯

身正·学高·技精
——"五心"师范生的追梦之旅

李雅雯，女，1995年1月生，中共党员。曾获安徽师范大学第十一届"师大骄子"十佳大学生暨专业发展楷模称号、2016年安徽省品学兼优毕业生称号等。大学伊始，她为自己绘制了以优秀语文教师为奋斗目标的蓝图，并凭借精心撰写的规划获得安徽师范大学第六届大学生涯与职业规划大赛金奖，追梦之旅扬帆起航。她始终以"身正学高为师，爱浓技精育人"要求自己，并在毕业后选择继续深造，于世界著名学府香港科技大学进行研究生学习，现已顺利毕业。执一支粉笔，用两载春秋，站三尺讲台，伴四季耕耘，努力成为一名优秀的"五心"教师。

身正，做勇于担当、乐于奉献的学生骨干

作为一名学生干部，她始终坚持严于律己、以身作则，以责任之

心浇筑，用仁爱之心奉献，从自身行动出发，朝着梦想前行，努力诠释"身正为范"。

服务班级，担当集体责任。大学期间担任班级团支书，她始终以"勇于担当，恪尽职守"为宗旨，全心全意为同学服务。主办班级刊物《三人行》，组建班级特色记者团，给中文学子搭建用文字交流的平台。她精心策划思想引领、志愿服务、素质拓展、校园文化方面活动近40项，受到同学、老师广泛好评。而作为班级第一批入党的学生，她时刻以一个学生党员的标准要求自己，学习期间，担任党课班班长，结合学院特色，开展课前专题汇报、主题演讲等活动，获得授课老师的肯定，自身修养也得到莫大提高。扎根班级，服务集体，最终荣获校"优秀学生干部""优秀团员"称号，顺利完成党课学习并荣获"优秀学员"称号。在研究生学习期间，参与策划、组织六校联谊篮球赛、高桌晚宴等多项活动。

志愿奉献，诠释社会责任。着眼平时，她用点滴小事演绎真情，始终怀一颗仁爱之心，用实际行动承担属于青年的社会责任。发动同学为龚晓月献爱心，积极参加地球一小时、清理"牛皮癣"等活动，号召寝室加入爱心宿舍，组织班级走进养老院……而作为一名未来的人民教师，她渴望将知识传递给更多的学生。加入五四爱心学校，每周六风雨无阻，为贫寒学子无偿家教80余小时。在入校第一个暑假，她便参加校级重点团队，远赴云南省景东彝族自治县，克服大山深处湿滑颠簸蚊虫多、无床无水无信号等困难，为儿童进行爱心支教达半月之久，与学生建立深厚情谊。在当地开展特色公开课教学，给老师带来新的教学理念，获得肯定好评，彰显师范生风采。

实践实习，传承时代责任。2014年，她组建国家级重点团队，怀着对党的赤诚之心，奔赴红色圣地——井冈山青少年教育基地。实践期间，她带领全体学员晨读《少年中国说》，为各高校师生讲解安徽精神、金寨精神、师大精神，在高校论坛中代表学校诵读《长路漫漫巍巍中华》，号召青年勇于承担时代赋予的责任；带领团队将红色故事采编记录创作剧本进行演绎，并作为代表进行汇报，最终她所带领的团队荣获国家级优秀团队称号，其先进事迹被中国青年网、光明网、人民网等多家媒体报道百余次，让更多的人感悟时代精神。

2016年，她进入共青团中央宣传部实习。实习期间，她学习新媒体运营，参与"共青团中央"官方微信公众号日常运营，首次开创音频模式，原创多篇文章。同时，她还参与《青年网络公开课》制作，单期视频阅读量超10万次；参与庆祝建党九十五周年天安门快闪拍摄活动等，获得实习单位领导、同事的一致肯定。此次实习经历使她感受到国家机关的力量与厚重，也更加明白作为一名中共党员的使命与担当。

学高，做勤于学习、敏于创新的专业标兵

作为一名中文学子，她始终坚持将学习与实践相结合，第一课堂与第二课堂共发展，用专注之心钻研，用上进之心奋斗，以"学高为师"鞭策自己不断前行。

专业学习，注重强基固本。大学四年综合绩点89.2/100，班级排名1/41，年级排名9/247，其中专业课绩点88.2/100。她深知学习的重要性，努力从理论方面扎实自我，大学期间曾获得校一等奖学金、朱敬文特别奖学金、精锐奖学金、"三好学生标兵"称号等。大学毕业之后，她选择继续深造，因大学期间的优异表现，获得多所知名学府青睐，并最终前往香港科技大学中国文化专业学习。研究生期间，中外思维的碰撞、文化的交融改变了她思维的深度与广度，培养了她的国际情怀，拓宽了她的视野。

专业研究，苛求钻研创新。将逻辑学与语文学科教学相结合，撰写论文《从逻辑学视角窥探语文学科工具性与人文性的统一》获校"本科生优秀毕业论文学术论文培育项目"立项；将语言学与统计学、

185

传播学结合，跨专业参与创作论文《基于浮动基准的舆情分析》入选校第六届挑战杯决赛，获一等奖。

专业拓展，传递青春能量。第一课堂，她以专注之姿、严谨之态投身其中，而在第二课堂，她奋斗进取、学以致用。担任校广播台播音员，服务校运会，主持《音乐漂流瓶》等栏目；参与录制师大宣传片《追梦》；受邀参加文学院2014级毕业生毕业典礼，作为在校生代表发言；受邀参加师范生竞赛反思研讨会，分享参赛经历感悟；受邀参加职业生涯培训会，指导规划，分享经验；受邀接受芜湖电视台采访，分享读书心得体会；连续两年被聘为校史讲解员，讲解校情校史20余场，获得一致好评。

技精，做敢于钻研、勤于发展的师范精锐

作为一名师范生，她勤勤恳恳，以一颗坚定永恒之心面对或许单调但绝不重复的技能训练，为达到"技精育人"不懈努力。

各类平台，彰显自我风采。她抓住每一个站在舞台上表现自我、提升自我的机会，只为站稳讲台，只为离梦想更近一步。大学期间，她连续四年参演并主持文学院双迎晚会、毕业生晚会等大型晚会，曾连续两年获芜湖市端午诗会朗诵比赛一等奖、安徽师范大学第九届"青春华章"诗文朗诵大赛二等奖、"凝聚青春力量，建功美好安徽"演讲比赛二等奖、文学院诗文朗诵大赛一等奖、读书报告会一等奖等。研究生期间，她也有幸主持香港科技大学研究生会换届大会等活动。

技能训练，落实点滴积累。为提高自身师范生技能，她坚持练习粉笔字、钢笔字；实地观摩、视频观摩一线教师上课近60次，认真记录听课笔记三本，模拟上课50余次；细心研读高中语文人教版必修所有内容，泛读鲁教版、苏教版、粤教版等主流教材，阅读学习教案两百余份，精心制作课件42份，认真撰写教案近10万字。赴安徽省重点高中马鞍山二中学习，并在交流之余展示师范技能，获得语文特级

教师肯定。凭借扎实专业功底，先后斩获学院、学校师范生技能大赛一等奖。研究生期间，积极进取，坚持技能训练，获得香港教师资格证认证。

坚持不懈，初放梦想光彩。怀揣一颗坚持之心，她通过层层选拔，代表学校参加第二届全国师范生技能大赛，与来自北师大等全国79所高等师范院校的311名优秀选手同台竞技，作为未曾实习的大三学生，荣获二等奖第一名，是所有参赛选手中大三学子所获最高成绩，也是安徽师范大学学子在该项赛事中所取得的最佳成绩。因出色的教姿教态，她的比赛视频现被选入第二届全国师范生技能大赛官方网站。

爱浓，做不忘初心、砥砺前行的人民教师

怀揣对教育事业的热爱，对学生的热爱，研究生毕业之后，李雅雯（见图50）放弃名企管培的机会，选择成为一名人民教师。"身正为范、学高为师、技精育人"是她对自己的勉励，同时也是前行的目标。一个普通的梦想，却因为一路以来的浇灌演绎变得不那么平凡，以梦为马，且歌且行，愿在未来的职业生涯中，继续不忘初心、砥砺前行！

图50 "师大骄子"李雅雯

*　　　*　　　*

5. 第十四届"师大骄子"十佳大学生：庄晓莹

说好师大故事，做有温度的校园新闻人

庄晓莹，女，中共预备党员，2013级汉语言文学（师范）专业学生。曾任校学生会执行副主席、青年通讯社社长、新苑通讯社社长、中国青年网校园通讯社安徽师大记者站站长、中国大学生在线安徽师大记者站站长；曾任人民网、中国青年网、中国大学生在线实习记者。

用进取和拼搏夯实专业根基

作为中文专业学生，庄晓莹文字功底扎实，曾获原创文学新星大赛二等奖、原创作品大赛之网文大赛二等奖；组织协办2015年"聂绀弩杯"中华学子传统诗词邀请赛、安徽省大学生原创新星大赛，负责多项征文活动的文字材料撰写工作。

以兴趣和理想为导向，积极提升新闻媒介素养，作为师大代表团成员，赴无锡江南大学参加江苏省校园媒体峰会，学习和交流新闻写作及新媒体运营经验；论文《高校新闻写作研究》获校"本科生优秀毕业论文培育项目"立项；多次获校级奖学金、"校三好学生标兵"、"优秀团干"等荣誉称号，以扎实的专业基础，为进一步锤炼技能、实现理想做好准备。

以担当和坚守撰写师大故事

庄晓莹曾任青年通讯社社长、新苑通讯社社长，负责校、院两级新闻宣传工作。任职期间，时刻关注校园动态，组织完成安徽省"高雅艺术进校园"、"创青春"创业大赛、"团学代会"等校内活动的报道工作，在校三年来撰写新闻稿件100余篇，累计完成学校和学院新闻报道200余次；发挥团队采编特长，挖掘典型师生人物，撰写人物通讯，参与暑期社会实践刊物《向阳花》编撰，负责"躬行育英才"

我们的青春

安徽师范大学文学院学生
思想政治工作巡礼（2012—2019）

等栏目采写；推进青年通讯社青年传媒中心负责的安徽师大共青团微信公众号和师大团委微博运营工作。

积极拓展校外媒体平台，展现师大学子青春风采，说好师大故事。庄晓莹担任中国大学生在线校园网络通讯站站长，在这一国家级网站推送校〔院〕新闻动态、学生原创作品累计240余篇，发表个人原创文章40篇；申请建立中国青年网校园通讯社安徽师范大学记者站，担任通讯站首任站长。2016年，中国青年网校园通讯社安徽师范大学通讯站获得"全国优秀通讯站"荣誉称号。

用脚步和心灵传递真实感动

庄晓莹在校内新闻实践基础上，积极思考如何让理想延伸，让专长发挥更大价值。组建校级暑期社会实践团队，走进岳西县菖蒲镇，走近基层群体，通过对他们的采访，在基层寻找身边小人物的大幸福，带领队员完成撰写"最美人物"通讯25篇、"最美故事"系列50篇、"最美足迹"系列20篇，汇编形成《最美菖蒲行》，累计约5万余字，用平凡人的故事彰显向上、向善、向前的力量。

发挥专业特长，带领团队累计开展"创意写作"教学等60课时，共约4 000分钟，累计入户辅导近千小时，学生完成习作共计约1 100篇，队员们完成成长记录400余篇，累计约25万字，以专业知识为"桨"，做孩子们发现美、记录美的"摆渡人"。团队事迹被国家级、省市级媒体报道140余次。社会实践团队获校级优秀重点团队三等奖，个人获"先进个人"荣誉称号和实践征文校级二等奖。

以信念和执着追求不变理想

2017年3月，庄晓莹于《人民日报》互动部访谈组实习，参与全国两会报道，参与人民网"两会有我·砥砺奋进"访谈活动，拟写"高端访谈""两会e客厅"嘉宾——人大代表、政协委员的采访提纲，

189

撰写访谈新闻稿件十余篇，负责访谈页面创建与维护，负责人民网"强国论坛"微信公众号运营。2015 年 4 月，庄晓莹（见图 51）正式成为中国青年网通讯员，通过竞聘加入中国青年网校园通讯社品推部，参与中国青年网教育频道微信运营，负责中国青年网教育频道微博运营，通过竞聘加入中国青年网校园通讯社编辑部，参与全国稿件审核。2015 年 8 月，于教育部中国大学生在线编辑部实习，负责"社会实践""时事经纬"及"读书频道"三个栏目的稿件审核和页面运营，累计审核发布稿件 235 篇，参与中国大学生在线网站改版会议，代表全国实习生阐述网站改版建议。

2017 年 4 月，庄晓莹成功跨专业考取中国传媒大学新闻传播专业研究生。未来，她将不忘初心，秉承师大精神，带着师大学子的信念、勇气与担

图 51　"师大骄子"庄晓莹

当，在新的平台开启一名优秀校园记者的新征程。

研究生毕业后，庄晓莹进入央视军事频道，成为一名出镜记者。

＊　　　　＊　　　　＊

6.第十五届"师大骄子"十佳大学生、东方卫视"诗书中华"总冠军：熊树星

一路青春一路诗

中国文字，方正铿锵；中华文脉，源远流长；人心所向，一苇以航。

术业有专攻，中文少年初长成

选择中文是熊树星梦想的开始。大学四年间他阅读书籍500余本，撰写读书笔记近百篇，在光明网等主流媒体发表书评文章10余篇，获评校"读者之星"，连续三年获全国大学生文学作品大赛三等奖、全国青少年冰心文学大赛二等奖，连续两年获省级征文比赛三等奖，作品收录于《书香江淮》。参与编校整理余恕诚、孙文光等名家书稿百余万字。

书山开拓耕耘路，学海高悬步云帆。熊树星在校期间获得校一等奖学金、国家励志奖学金、三好学生标兵等荣誉称号，论文《王维诗歌中的水意象》获评优秀论文，双创项目获省级立项。

书卷似故人，诗意未必在远方

作为一名中文人，诗词是熊树星割舍不断的热爱。在东方卫视大型文化类节目《诗书中华》中，他连胜三局闯入总决赛，与北大、清华等高校选手同台竞技，最终夺得全国总冠军，获得钱文忠、张大春老师的赞赏，并前往上海书展签售同名书籍。显师大文脉悠长。

2017年暑假，熊树星受邀成为浙江卫视文化答题类节目《向上吧！诗词》冠军团成员，与刘震云、康震等学术名家进行诗词交流，受到中央电视台《中国诗词大会》节目组邀请。扬师大校风优良。

参加河北卫视《中华好诗词》比赛，位列安徽省第三，华东赛区第四；在安徽广播电台宣酒赛诗会中，名列全市第二；参加安徽省国学达人挑战赛，从全省12所高校中脱颖而出，摘得大学组"探花"称号。展师大底蕴深广。

作为班长，在班级开展诗词大会，组织开创"读懂中国""玩转汉语言"等专业系列活动，助力德雅书苑入围教育部"礼敬中华"优秀活动成果。

妙手著文章，师大青年正能量

作为校大学生记者团副团长、《安徽师大报》学生编辑、《大江晚报》驻校记者，传播师大声音，讲好师大故事，是熊树星义不容辞的责任。

在《大江晚报》成长周刊推介公益社团，描绘最精彩的师大校园；多次参与学校文宣策划，撰写2018年新年音乐会楹联、《给全校新生的一封信》。采写重大校园活动，专访高雅艺术进校园活动，报道中国大学生自强之星、少数民族志愿者、党员教师、校园劳动者，宣传优秀师生典型。秉承师大精神，组织思想调研，倾听英雄故事；开展亲情陪护，弘扬传统文化，并入选安徽省大学生文化旅游节第一批志愿者。

四年来，他在安徽青年报等各级媒体发表新闻作品近20万字，连续三年采编校报累计21期，在《大江晚报》图书推荐栏目推文共27期，先后斩获中国校报好新闻奖三等奖，安徽省校园好新闻奖二等奖，累积各类稿酬2000余元。

风正一帆悬，初心不忘再起航

2018年，恰逢师大90华诞，熊树星（见图52）撰写《一封家书》喜迎校友，创作献礼校庆歌词《弦歌嘹亮》，拜访先辈学者刘学锴、陈文忠老师，撰写采访手记，感悟传承，共忆芳华。

他的个人事迹被光明网、新华网、人民网等国家主流媒体报道17次，《中国青年报》《新民晚报》《钱江晚报》等主流纸媒报道11次，安徽卫视、东方卫视等多家电视台专访，多次登上腾讯新闻、澎湃新闻头条。师大四年他我书香，教他远航，抵挡风浪，永是故乡，让他更加坚毅和勇往。鹏北海，凤朝阳，又携书剑路茫茫。他是熊树星。

图 52 "师大骄子"熊树星（左一）

【新华网】《诗书中华》总决赛完美落幕 熊氏兄弟智夺总冠军

全新文化类节目《诗书中华》总决赛已于 2017 年 7 月 8 日晚 20:30 精彩上演，战况十分激烈。总决赛采用了全新赛制，八组实力强劲的家庭，在对决台前一展诗词功底外，同样分享着各自参加决赛的心情。节目中，李六保向大家讲述得知进入决赛后，自己与学生之间的互动故事；熊氏兄弟为让奶奶能在电视上多看到他们，希望自己可以多站会儿；张大春、钱文忠也为大家带来精彩的古诗文讲解。最终，熊氏兄弟用自己的实力，达成了"多站会儿"的目标，一举夺得总冠军头衔！

李六保分享与学生的有趣故事 熊氏兄弟为奶奶奋力一站

作为一位教师，李六保对中国传统文化十分感兴趣，于是带动女儿姜喆一起学习、积累。经过一路过关斩将，他们成功站上了决赛的舞台。被问及对自己的学生进入决赛有什么想法时，李六保笑道："学生们特别高兴，家长也是送花送得'千朵万朵压枝低'。如果最后没有赢得比赛，我会跟学生说：'活到老，学到老，还有三分没学好。跟他们一起学习，

193

一起成长'。"李六保平和的心态，博得在场其他选手的阵阵掌声。

熊氏兄弟是《诗书中华》节目中第一组以"连胜三局"进入决赛的选手，一路顺利过关斩将的姿态已经证明了他俩的能力。比赛前，被问及身在乡下的奶奶是否知道他们参加比赛时，熊子祥说："自从我和哥哥上了电视，奶奶就特别开心。但家里没有装有线电视，奶奶只能坐三轮车到隔壁村的亲戚家看电视。"此刻站上了决赛的舞台，兄弟俩表示："我们想要站久一点，让奶奶多看一会儿。"

在顺利通过"家有诗书"和"君子之争"的比赛后，熊树星、熊子祥与俞旭、俞露父女一起进入了最终的"巅峰对决"。赛制为：两组家庭、四人轮流回答古诗文相关知识题，答对换对方家庭答题，答错则答题者停止答题，直至一方家庭两人都停止答题，即比赛结束。对战刚开始不久，熊子祥因未能答出"'月上柳梢头，人约黄昏后'是发生在哪个节日的情形"，只留下熊树星一人与对面的俞旭、俞露父女进行比赛，不由得让观众为他捏了一把汗。但是熊树星没有因弟弟的"离场"而动摇，最终奋力一搏，夺得了《诗书中华》的总冠军。他们为大家带来了一段齐心协力的征程，升华了兄弟情谊，挥洒出诗文才情。

比拼的是诗文　传承的是文化

《诗书中华》历时三个月的比赛于当晚落下帷幕。42组参赛家庭至今仍历历在目：还记得，6岁的"诗词小达人"李泊廷一上场就与主持人骆新一起背诵《蜀道难》；还记得，年纪小小的玛利亚虽然不识字，却能背出多首古诗；还记得，礼仪、文采兼备的"孟子后人"孟千寻，在台上彬彬有礼，诗词能力也不可小觑……每一位来参赛的选手，都在舞台上展示着自己的古诗词储备量，表达着自己对中国传统文化的喜爱之情。点评嘉宾张大春、钱文忠在节目中除了为观众带来精彩讲解外，与选手的互动也博得网友一片称赞。"我一直以为'芙蓉出水'是用来形容人的，看了钱文忠老师的讲解才知道，这个词原来是用来形容诗文，真是长知识了。""之前张大春为鼓励牟金川，在他的本子上写了'课子诗抄'，返场赛牟金川和他爸爸带了大枣送给老师，真是太可爱了。"

在扎根传统文化的基础上，《诗书中华》坚持"公益、文化、原创"的发展方向，秉承"小成本、大情怀、正能量"的节目理念，创新、全龄化参与的节目形式，让"诗入寻常百姓家"的主旨良好地传达给了每一位观众。以家庭为单位的模式，则让人感觉到"以文风展家风，令人耳目一新"。参赛家庭之间不仅只是互相切磋诗词功底，带给观众的还有优秀的家庭教育理念。无论是父母带着孩子来比赛，还是儿孙带着长辈来参赛，或者是同辈的兄弟姐妹一起站上舞台，大部分的参赛者在舞台上，都表现出一种有礼貌、有风度的姿态，他们都是从背诵诗文到理解诗文再到感受诗文，将文化融于生活，变成自己的一部分，从而由心传递中华传统文化的优美，直接体现出中华传统美德。

《诗书中华》更是多次被多家媒体点赞。在比赛题目中，融入了古诗文、古诗词、创世神话、文学常识等内容，涵盖了中国传统文化的多个方面，全方位展现中国文化之美；在场景布置上，节目则将古代的"曲水流觞"，用现代技术精致地展示出来，并且作为比赛中选择参赛者的一种形式；加之节目低门槛的参赛机制，《诗书中华》向普通大众敞开了大门，把大家心中原来处于高高在上的"文化"，用亲民的方式传达给所有观众，回归到大众的生活里。节目让大家重拾对中国古诗文的热情，以及对知识的关注和热爱，同时带动了全民传承中国文化的氛围。

《诗书中华》第一季节目虽已结束，但是对文化传承的热情，将一直燃烧在每个人心间！也希望在不久之后，观众们能再一次带着激动的心情，看到"曲水流觞只是互相切磋"再次转动起来，迎接《诗书中华》第二季的到来。

*   *   *

7.第十六届"师大骄子"十佳大学生、杭州诗词大会总冠军：郭精金

云散月明谁点缀，天容海色本澄清

郭精金，安徽师范大学文学院2015级汉语言文学（非师范）专业学生，获国家励志奖学金、校一等奖学金，获评优秀三好学生标兵、优秀学生干部标兵。主持国家级大学生创新创业项目1项，获得"中华好诗词"华东赛区总冠军，2018年"满陇桂雨，满城书香"杭州诗词大会总冠军等各级荣誉50余项。文学院第八届"青春星榜样"优秀大学生。

2015年的九月不冷，未到授衣之时，初遇师大的郭精金怀揣滚烫憧憬，展开大学生活的卷轴。他自幼对文学情有独钟，中学开始阅读中西方名家名著，因为钦慕余恕诚先生，通过奋斗如愿被安徽师范大学文学院录取。在大一开学的写作课上，他对老师"中心与边缘"问题的大胆质疑，引发了一场班级论辩，思想的火花在碰撞中交流，这也让郭精金找到了大学的"正确打开方式"。

缘起：少年辛苦终身事，莫向光阴惰寸功

在大学生活步入正轨之后，心中清晰而嘹亮的声音时刻激励着他——精进不休，轶类超群。一番努力也取得了丰硕的成果，大学四年综合成绩专业第一（1/118），专业课成绩专业第二。他在6个学期28门需要撰写论文的课程中，15门课程论文为班级最高分。连续三年获国家励志奖学金、校一等奖学金。获评优秀三好学生标兵、优秀学生干部标兵，优秀团员等称号。

在广泛的阅读中，他积极思索，逐渐培养了自己的问题意识。在读到日本学者赤井益久所著《中唐文人之文艺及其世界》一书关于白居易的描述时，通过类比大量唐代诗人诗作，他由"小风景"这一新视角切入对白居易的诗歌研究，联系白居易诗歌创作的审美取向，理清自然美学和诗歌创作关系这一历史进程的同时，阐发白居易描写微小景物透露出的审美趣味，剖析白居易诗歌独特的创作视角和审美价值观。由此确定《已识乾坤大，犹怜草木青——论白居易诗歌中的"小风景"》这一选题，并凭借此创新课题获得了"国家创新创业计划"项目立项。郭精金还善于在学习中发现问题，老师课堂上以《愚公移山》与《俄狄浦斯王》为例讲解论文创新方法，他课下查找大量资料，发现它们作为中西方文化精神的杰出作品，集中反映了中西方对待命运与自然压迫的差异。并结合地理学、民俗学等相关知识，透过命运视角，运用平行研究的方法比较二者异同，并进一步探讨两部作品中所蕴含的艺术价值。撰写《一类命运的两种结局——命运视阈下〈俄狄浦斯王〉与〈愚公移山〉的文本解读》一文，获得老师赞赏。

朔月初升，彼时的他勤学苦思只求问心无愧，此时的他深知芝诺的"知识圆圈论"，慨叹学海无垠，更加坚定地攀登书山。

境明：廿载光阴弹指过，未应磨染是初心

忆往昔峥嵘岁月稠，看今朝，这是巨变涌动的尖峰时刻。诚然，泅渡历史的三峡是无比艰难的，但梦想总会如旭日之升，希望总会如皓月之恒，如何在大学的时间节点上体现个体价值，离不开参与各类活动。

"从诗言志到诗缘情，诗歌始终是中华文化最精华的部分。诗词里的人生意蕴能够贯通古今人的心灵，持久地激活后世读者的情思。诗歌是心灵的艺术，是不朽的永恒，那些经典的诗句千百年后读来仍有震撼人心的力量。"出于对古典文化的热爱，郭精金在诗词学习上下了大量功夫，从基础的《唐诗三百首》《千家诗》到《唐诗选注评鉴》《唐宋词选读百首》《唐诗鉴赏辞典》等，大量抄写和背诵的训练，使得他的积累越来越深厚，也让他在各类比赛中脱颖而出。从师大校园海选赛第一到安徽省赛第一再到大区赛第一，面对全国范围两

千多所高校的 12 万多诗词爱好者，郭精金一路过关斩将，最终获得"中华好诗词"华东赛区总冠军。在 2018 年"满陇桂雨，满城书香"杭州诗词大会决赛的舞台上，面对"决定生死"的选择，郭精金镇定自若，选择了分值最大也是难度最高的一题，"成语题：请从下列成语中找出一句和杭州有关的诗词。九牛一毛、不负众望、千奇百怪、仰之弥高、雾里看花。""一望弥千里！"郭精金脱口而出。此句出自苏轼的《虞美人·有美堂赠述古》。现场一片沸腾，一局定乾坤，他成功夺得了冠军，也因此荣获最佳杭州诗词文化大使。

郭精金（见图 53）曾受邀参加浙江卫视《向上吧！诗词》、中央电视台《中国诗词大会七夕特别节目》的录制。此外，他还获得"过中国小窖节·宣酒赛诗会"芜湖赛区冠军（奖金八百元），第七季、第八季魅力中华汉文化推广之传统文化知识竞赛一等奖，"道德与文明"辩论邀请赛一等奖，"国学知识竞赛"一等奖，2018"一站到底"之决战赭山户外挑战赛一等奖，2017、2018 安徽师范大学"史学知识竞赛"一等奖，"诵经典，读国学"文学知识竞赛一等奖，安徽师范大学文学院第七届美丽校园辩论赛一等奖，安徽师范大学 2017、2018 年度"赏中华诗词，品生活之美"中华诗词大会一等奖，安徽师范大学 2018

图 53 "师大骄子"郭精金

年度学生乒乓球比赛男子双打冠军，"凤凰杯"校园营销策划大赛安徽省赛二等奖、全国优秀奖等各类荣誉五十余次。一张张鲜红证书的背后，记录了无数个日日夜夜的耕耘与努力。

郭精金同学曾任校学生会学习部委员，策划组织第一届师大文明公约知识竞赛和进行赭麓大讲堂嘉宾采访活动。现为安徽师范大学注册志愿者，积极参与献血活动以及芜湖市博物馆的志愿者工作，被评为芜湖市博物馆优秀志愿者、第45届校运会优秀绿色志愿者、读者协会优秀会员，各项志愿服务累计近500小时。任班级文稿组组长，帮助班级累计发表新闻稿件60余篇。2017年参与文学院赴瑞金精准扶贫暑期团队，立足国计民生，总结扶贫经验，致敬抗战烈士，挖掘红色文化，调研农家生活，探索革命老区扶贫新模式，积极服务社会，用实际行动温暖他人，受到当地政府领导接见。帮助团队发表稿件300余篇次，视频素材被中华人民共和国国家税务总局官微采用并转发，获评优秀团队。受邀担任江苏大学诗词大会决赛嘉宾，担任长丰县图书馆国学志愿者，定期讲解传统文化知识。

上弦月出，坦荡荡，心装万物，空茫茫，不染一尘。郭精金维持自己的亮度，为世界克尽一己之力，人生阡陌纷繁芜杂，没有一条坦途。不惧疾风劲雨，不畏穷山距海，坚毅向前，在青春的舞台上展现自己的精彩。只要境明，就千里皆明，初心澄净。

情真：知交三五夜歌豪，杏花春雨人未老

郭精金坚持每天阅读，图书馆借阅量超八百册，巨大的阅读量大大拓宽了他的视野。他闲暇之余笔耕不辍，创作了诗歌、散文、话剧、小说等多种文体作品三十余万字。参与各类学术讲座、学术沙龙五十余场。在凤凰网、中国青年网、中国大学生在线等各级媒体撰写、审核发表文章百余篇，获得第十一届全国青少年冰心文学大赛一等奖，第十二届全国大学生文学作品大赛二等奖，安徽省大学生原创文学新星大赛优秀作品奖等征文比赛奖项。为学院出版书籍写序，为安徽天恒房地产估价所写作文稿，在赚取稿费的同时锻炼了他的能力。

大学期间，郭精金善交益友乐交诤友，学习之余，应邀与学弟学妹们进行学业交流，用自己的经历为其答疑解惑，助力成长。在一次与学弟的交谈中，灵光破空而来，对《定风波》有了新的认识和体会。《定风波》是一个缩影，压缩了苏轼的疏放不羁，也萃取了子瞻的超然旷达、随缘自适。换句话说，少年精神、中年心绪、老年情怀，与篇内句句相映，显示出苏轼人生境界的跃变。朋友之间太远生疏太近生隙，知己相交贵在交流思想，也是彼此的双赢。

文学院让他有了家的依恋感，无论是课堂上授业恩师的谆谆教诲，还是学长学姐的关心爱护，或者是同窗好友的朝夕相伴，"聚是一团火，散为满天星"——这份情他感铭于心。

"自信人生二百年，会当水击三千里。"温一壶月光，环顾花津河畔桃李灼灼其华，眺望凤钟楼前灯火熠熠生辉。郭精金将赭麓墨香与镜湖星子一并放入行囊，负箧曳屣，上下求索。四载春秋浩荡成歌，一朝楚天云澹风清，处于高处不自高，处于低处不自卑，沉浮不能易其心，失得不能易其志，他坚信一切都是最好的安排。"云散月明谁点缀，天容海色本澄清。"一路前行一路高歌，他走得诗意并且坚强。

*   *   *

8.第十七届"师大骄子"十佳大学生：曾丹扬

书写文化中国的最美青春

曾丹扬，女，中共党员，文学院2016级汉语国际教育专业班长，曾任院学生会副主席、院团委文体委员，获评校"优秀本科生导生"。现以专业第一的成绩推免至北京师范大学汉语国际教育专业。

汉语+学习，打牢专业基础

扎实专业学习。三年综合测评成绩均在90分以上，最高达94.24分，位于专业第一（1/64），11门专业课程位于专业前三，5门为专业

200

第一。连续三年获校一等奖学金、"三好学生标兵"、"优秀学生干部标兵"称号，获"朱敬文奖学金"，连续两年作为优秀本科生代表参加先进个人表彰大会。同时取得北京师范大学、上海外国语大学高校夏令营录取通知，最终以433分的成绩（北师大专业第五）推免至北师大汉语国际教育专业。

锤炼双语表达。担任"语法教学与研究"公众号编辑，深入语法研究与分析。撰写专业相关论文9篇。参加各类中英文演讲与创作比赛，获校"外研社杯"英语演讲比赛一等奖，安徽省英语演讲竞赛三等奖，全国大学生文学作品大赛二等奖等。累计获院级以上奖项50余项，其中省级3项、国家级5项。

积淀教学素养。考取高中英语、高中语文教师资格证，以92.4分获得普通话一级乙等证书。作为班级班长、党课班班长、校学工助理，策划组织系列活动，擦亮专业品牌——"ICLT"国际汉语教师技能大赛，借鉴华东师范大学等高校的专业活动经验，完善大赛形式与内容，汲取教学知识与能力。

汉语+实践，提升专业技能

在竞赛中创新。组队参加长三角高校"跨文化能力"大赛，将"跨文化交际"课堂所学运用到比赛中，两次荣获安徽省冠军。2019年将自身教学实践创新编排成竞赛案例，从全国18所高校竞赛中脱颖而出，所在团队代表学校荣获"外教社杯"长三角区域高校学生跨文化能力大赛总决赛暨全国邀请赛一等奖，展现了师大学子的专业能力与文化素养。

在研讨中成长。作为学校唯一本科生代表参加首届长三角汉语国际教育卓越人才创新论坛，同《语言文字周报》执行主编杨林成先生、中山大学周小兵教授、上海沃动科技有限公司首席运营官张虎伟先生进行专业教学与职业发展的交流，同来自复旦大学、同济大学等

22所高校的本科生及硕士生一同分享学习。分享自身在"互联网+"时代下的专业线上教学实践，应邀成为长三角汉语国际教育卓越人才联盟盟员。

在实践中融合。立足第一课堂，旁听国际教育学院课程累计时长近200小时。结合"互联网+"时代下的网络平台，探索线上教学。在专业老师的推荐下将汉语文化课程通过网络连接，累计开展线上教学时长近400小时。加入上海沃动科技有限公司母语志愿者项目，通过网络连接服务世界各地汉语学习者。与北京谦育有限公司中文在线学习平台签约，成为欧美学生汉语课程教师，让来自世界各地的学生领略汉语文化之美。

汉语+文化，彰显专业担当

传承传统文化。作为院学生会艺术中心副主席，发挥特长和优势，组织编排传统文化类节目，将中华文化融入文艺表演。在舞蹈《忠信仁爱》中，展现君子的圣贤品格与精神力量；在《沉香救母》与《一封家书》中，感悟亲情的难能可贵和家风的代代传承；在舞蹈《梨园情》中，传递国粹的博大精深和技艺的精妙绝伦。全国中华经典诵读大赛二等奖、安徽省道德模范进校园活动特别节目、校舞蹈大赛金奖……一个个文艺节目从构思排演到最终呈现，台前幕后的每一个朝夕，她体悟着中华传统文化的精髓，并尽己之力影响着更多青年。

讲好中国故事。组队和参与国家级重点团队、校级重点团队，获全国大学生社会实践远洋实践奖，个人获评校级"先进个人"称号、优秀实践征文二等奖。赴云南"开窗明路"爱心支教团队，结合学生年龄，编创《国学经典早读》教材，引导孩子们听故事、说国学。组建赴官庄"开窗明路"爱心帮扶团队，结合当地"孝义官庄"特色，举办国学主题晚会，编创国学经典诵读"孝亲奉茶"、国学故事新编演绎等，晚会得到中国潜山网全程报道。此外，她还加入特殊教育志愿服务，将国学吟诵带给自闭症儿童，在吟诵中孩子们也慢慢学会感受与倾听。累计志愿服务时长近800小时。

彰显青年担当。在传播文化的过程中，曾丹扬（见图54）也时刻将过程记录下来，并通过自己的笔触，分享给更多的人。撰写稿件多次登上中国青年网等网站，稿件总点击量超5 000次；编辑微博多次被人民网、大学生在线等转载，话题阅读量达36万余次。

"无穷的远方，无数的人们，都和我有关。"正如曾丹扬在校青春诗会舞台上研读的马克思《青年在选择职业时的考虑》一文中所说，"人只有为同时代人的完美、为他们的幸福而工作，自己才能达到完美。"她立志成为一名汉语文化传播者，经过研究生阶段的学习和提升，扎实专业技能，讲好中国故事，

图54 "师大骄子"曾丹扬

传承中华文化。愿以一颗赤诚之心，胸有大志，心有大我，肩有大任，行有大德，书写文化中国的最美青春。

（二）自强之星

1.第四届"自强之星"：王艺文

青春在自强中闪光

王艺文，女，文学院2009级对外汉语专业本科生。来自华佗故里、药材之乡——亳州，历史悠久的古都却因地理位置和交通不便变

成了一个经济落后的小城。她的家又处在一个几乎被现代文明遗忘的偏远农村。年迈多病的祖父母、常年高达几万元的医药费、两个大学生高昂的学费及生活费让她的家庭不堪重负，几亩贫瘠的农田是家庭的全部经济来源。常年的劳累和家庭的重负让父母未老先衰、满身伤疾，父亲在脑血管硬化和高血压的折磨下还坚持到建筑工地打零工，拿着每月几百块钱的工资补贴家用。母亲身体不好却一直坚持照顾年迈多病的祖父母，包揽了一家人的生活起居。沉重的负担没有让父母失去信心，他们一直尽全力支持她和弟弟读书，父母的坚强、坚韧让家庭倍感幸福，也教会了她以微笑面对生活。

本科篇

学业上一直名列前茅的王艺文，每年都以优异成绩力争减免学费。在时间相对充裕的大学校园里，为了不让日渐苍老的父母再含辛茹苦，她发传单、带家教、送外卖……每一个周末，每一个不上课的晚上，她都在为自己的生活费奔波。四年的本科生活，她从未向家里要过一分钱，用自己的双手养活了自己。

大学生活，虽然很忙，很疲惫，但她从未放松对自己的要求。大二进入党校学习，并于2012年5月成为一名中共正式党员。作为学生党员，她切实发挥模范带头作用，以优异的学业成绩和全面发展的个人素质，先后获得文学院"优秀大学生""自强之星"等荣誉称号。

她努力刻苦，四年来，阅读专业书籍60余部，保持20门专业课平均成绩在90分以上，四年学业成绩专业第一，综合测评名列前茅，先后获国家励志奖学金三次，朱敬文奖学金、荣芝奖学金、优秀学生一等奖学金各一次，荣获"全国语言文字基本功大赛"三等奖。获得优秀学生二等奖学金三次，"三好学生标兵"称号、"三好学生"称号三次。

她注重在书本中学习，在实践中成长，组织协调留学生交流活动

10余次，长期结对巴林留学生一名，深入了解教学对象，不断加强专业实践。参与国教院偏误语料库建设，协助整理语料一千余条。与同学合作翻译一本语言学著作，提高专业能力。有了良好的专业知识和实践基础，她大胆向专业科研迈进，积极撰写学术论文、写作科研论文10余篇，获得专业老师好评。在南京晓庄学院长达两个月的专业实习中，不仅专注教学技能的提升，更在工作之余悉心留意留学生汉语偏误问题，收集偏误语料400余条，撰写专业论文1篇。后来，在更多语料的基础上，成功申报"暨南大学科研创新培育计划项目"，获批科研资助1万元，这是她第一次用所学知识换取的科研经费。

读万卷书，更要行万里路。她注重自身素质的全面提升，担任两个社团的部长，多次在德育研究会论文评比中获奖，参与院话剧汇演剧本创作并担任导演，节目获"优秀奖"。此外还先后荣获"丙辉漫谈"素质汇报演出"二等奖"等众多奖项，所在集体也荣获校"十佳班集体""优秀团支部""优秀分党校"等称号。她坚持奉献社会以实现人生价值，参加五四爱心学校无偿助学两年，志愿服务时长200余小时，获评"优秀青年志愿者"。2011年暑假，她走进大别山区，关爱留守儿童，爱心支教10余天，所在团队获得院级重点团队一等奖。因为自身的成长经历，她一直尽自己所能给家庭贫困的孩子带去关怀和希望。

读研篇

四年后，作为暨南大学华文学院2013级研究生的一员，她踏上了新的征程。在三年的研究生生涯里，不忘初心，时刻以优秀研究生的标准严格要求自己，努力成为全面发展的新时代硕士研究生。

她学习努力刻苦，认真踏实，专业功底扎实。延续着本科期间的踏实，读研期间她一直保持着优异的学业成绩。三年学业成绩均分91.3分，研一综合测评专业第一，学业成绩专业第二，研二专业科研成绩及综合测评均为第一，连续三年获硕士研究生 A 等奖学金，并荣获国家奖学金。加之家境贫寒，她还于2014年获得了"南航'十分'关爱励学金"的资助。这些努力一方面是荣誉，另一方面也大大减轻了她的生活压力，使她更好地投入到学习和研究中。

研究生生活不同于本科，她积极调整心态，更加注重自身科研能力的提高。在导师的指导下，一直严格要求自己，勤奋努力，积极撰写学术论文，努力完成科研项目。读研期间在外文期刊发表论文一篇，中文学术期刊发表论文两篇，三篇均为独撰发表。主持科研创新培育计划项目1项，并顺利结项。参与多项省级、校级重点项目，其中，在国侨办侨务理论研究广东侨务理论研究中心课题项目中担任核心课题组核心成员，与导师合作的结题报告也被广东省侨办采纳使用。

学习之外，她始终不忘自身综合素质的提高。一方面，注重教学相长，在学院担任汉语老师，教授留学生汉语课程，这对其语言学习有着极大的促进。另一方面，一直起着党员模范带头作用，积极参加各类实践活动。曾担任研究生兼职辅导员、团总支副书记、星光志愿者服务队队长、研会主席团成员等职，工作能力突出，得到老师和同学们一致好评。先后荣获校优秀研究生干部"二等奖"、校"优秀共青团干部"、校"优秀青年志愿者"等称号，并作为优秀研究生代表学校参加第5届"优秀学生访港团"、代表学院参加第31届研代会。此外还组织参与许多志愿服务，成功带领志愿者队伍申请"金秋公益项目"并顺利结项。积极参与各类实践活动，获得摄影大赛三等奖等多项奖励。

凭借优异的学习科研和良好的综合素质，她以"暨南大学优秀毕业生"和"广东省优秀学生"的双优身份毕业，获得硕士学位。

工作篇

　　本科和研究生的坚韧奋斗收获了些许荣誉，更使物质贫乏的王艺文（见图55）有了内心的充盈富足。七年的对外汉语和语言学生涯，语言教学已然成为她融入血液的追求，毕业后她顺利进入华侨大学担任汉语教师，严守职业和学术道德，为人师表，开启教书育人之路。多年的语言学习，扎实的专业基础，使教学第一线的她游刃有余，得到了很多学生的喜爱和好评。在教授汉语课的同时，她还承担了《商务礼仪》的教学，这一课程的顺利讲授更是得益于本科期间所修相关课程的培养和积淀。她认为，学中所获，不仅有助工作，更让其受益终生。学无止境，她一直在努力进步，不断提升。

　　时光荏苒，回首看这漫长又短暂的时光，不免让人唏嘘。她脑海中至今还常常浮现某些刻骨铭心的画面，比如假期归乡的泥泞路上，自己坐在父亲自行车后座望着他花白头发的感伤，还有母亲为了省一块钱

图55　"自强之星"王艺文

车费徒步走几十里路的心酸，听起来仿佛是遥远年代的旧事，却真切地刻在她人生的年轮里。在苦难面前，有的人会缴枪投降，但她在努力战胜，努力强大。更因为朴实又伟大的父母倾其所有的支持，才使她从容不迫，快速成长。

　　在有晴有雨的青春时光里，她从稚嫩新生到稳重师者、从自卑羞涩到自信大方、从贫寒受助到自助助人，勇敢面对生活挫折，用知识改变着命运。既然无法选择出身，那就尽一切所能把握自己的未来，

207

笑对人生。在人生的旅途中，铭记过去，不畏将来，努力奋斗，定能收获属于自己的灿烂星空。

*　　　*　　　*

2.第五届"自强之星"：郑孝美

困难在左，自强在右

郑孝美，2011级汉语言文学（秘书学方向）专业学生。时光荏苒，安徽师范大学迎来90周年生日之际，她从学校毕业已经快三年了。

她始终感到很荣幸的是，能够在2014年参加文学院第四届"自强之星"的评选活动，并幸运地获得院级"自强之星"和校级"大学生自强之星"的称号。虽然现在的她容颜有变，但在大学期间根深蒂固的奋斗心一直不变，尽管偶有挫折，但总能欣然接受并积极解决。

风雨兼程，踏进知识殿堂，收获满满的爱

郑孝美来自一个并不富裕的家庭，母亲病逝，家中姐弟三人均由父亲一人抚养。在母亲查出尿毒症直至病逝的那几年，她不断目睹着贫穷和苦难，极早地知道了生活的艰辛，"自强"是她唯一的选择。这是支撑她、支撑她父亲，乃至支撑这个残缺家庭的最后的希望。成长路途，披星戴月，刻苦求学，她终于踏进了安徽师范大学这所知识的殿堂。

大学的这四年，是她一生中最难忘、最幸福的时光，她不断接受着来自校领导、院领导、辅导员和同学们的关爱和鼓励，这四面八方的爱编织成一股强大的力量，成为她前行的动力。哪怕是毕业两年多，这满满的爱仍让她心潮澎湃，给了她信心去打败任何的阻碍。

自强不息，收获耕耘硕果，爱心永相传

天道酬勤。大学期间，她专心学业，不曾懈怠。大一、大二学年，获得校二等奖学金，获校"三好学生"荣誉称号。大三学年，获得校三等奖学金，同年取得全国大学生英语竞赛校级三等奖。

志愿服务。她连续三年参加安徽师范大学组织的暑期社会实践活动。2012年，她所参加的暑期社会实践团队获得校级三等奖，在敬老院的经历让她印象深刻。此外，从大一开始，她便积极参加公益，以志愿者的身份多次进行社会服务，把爱传播给更多的人。

学无止境，促进全面发展，成为更棒的自己

思想学习，追求进步。她积极参加班级"双学小组"以及文学院薪火团校和入党积极分子培训班，并顺利结业。自2014年起，她有了一个让她骄傲的身份——中共党员。

专业学习，双管齐下。她在进行汉语言文学（秘书学方向）专业学习的同时，还辅修了一年英语课程。当别人在娱乐休闲时，她对着每周四十节左右的课表，却不觉劳累，而是感到充实和安心。端正的态度加上刻苦学习，让她在大一到大三学年的学业成绩名列前茅。学海无涯，她坚信知识改变命运。

社会工作，提升综合能力，用一生回报社会

校园工作，尽己所能，做合格的学生干部。虽学业繁重，但她仍积极参加学工助理、社团等学生组织。大二任校学工助理早操部部长、江南诗社网络部副部长。大三任校学工助理副队长。任职期间，她恪尽职守，带领部门检查早操和卫生、协助学工部老师进行就业招聘会等各类会议的服务工作。因为突出的表现，连续三年荣获"优秀学生工作助理"称号。

校外工作，承担责任，为家庭分忧。大二那年，在姐姐的帮助下，她顺利在芜湖市弋江区澬港新镇开了一家中国移动分店。每到周末和寒暑假，经营这家小店成为她生活中的主要内容，在手机充值还

不盛行的那几年，充值话费业务、卖手机及相关配件等成为她生活费的主要来源。除此之外，在不影响学习的情况下，为了给父亲分忧，她还利用空余时间做了很多兼职。三年的开店经历，和一些诸如家教、超市收银员等兼职经历，让她体会生活不易的同时，教会了她生存与成熟。

教书育人，梦想实现，回馈社会。初入大学时，她的职业规划并不清晰，一直在不断摸索中。直到有一天，她在敬文图书馆内偶然看到一本刘慈欣所写的《乡村教师》，让她开始向往教师这个职业，她想成为书中所说的"在两代生命体之间传递知识的个体"，也就是教师，这该是一件多么神圣的事情。"道阻且长，行则将至"，这是她非常认同的话，只要付诸行动，不被轻易打败，总能让现实向梦想靠拢。抱着这样的心志，在毕业一年之后，她成功从事着一份传递知识的工作，成了一名教育工作者。她所在的学校是一所村镇小学，班里有不少孩子家里条件并不好，看到他们就像看到当时的自己，也深知这些孩子正处在一个需要爱的年纪。她心里暗下决心，要为他们加油打气，并在学习之外给他们足够多的爱和勇气。

最后，郑孝美（见图56）想分享给所有人一些她的感悟：愿所有家庭困难自强不息的同学，对于迎面而来的一切，总能保持一种昂首向上的姿态。生活就是，你以什么样的态度对它，它就会给你展示什么样的风景。改编自冰心的一段话："困难在左，自强在右，走在生命路的两旁，随时播种、随时开花，使穿枝拂叶的行人，踏着荆棘，不觉痛苦，有泪可落，不觉悲凉。愿你我共勉，加油。"

图56 "自强之星"郑孝美

*　　　*　　　*

3.第六届"自强之星"：施瑶

苦吟一诗，不如高歌一曲

幸福的家庭都是相同的，不幸的家庭各有各的不幸，当一连串看似不可能发生的不幸降临在一个人身上，她可能会被困难和挫折击倒，而与之相反的，她还可能会顽强成长，生命的公平正在于，不幸之中拥有万幸，所有挫折和磨难都可以是成长馈赠的财富，当她把挫折谱写成一首美丽的歌谣，就是青春最好的见证。

她是安徽师范大学2012级汉语言文学专业的施瑶。她来自安徽蚌埠一个普普通通、幸福有爱的家庭。2005年，父亲被一种俗称"渐冻症"的运动神经元病魔无情掳走。随着次年母亲的下岗，雪上加霜。羸弱而坚定的母亲用十年的顽强打拼，维持着给予她的温暖港湾，更教会她一生享用不尽的财富，那就是：笑对生活的磨难，相信美好的未来！自立自强，顽强拼搏，在师大，她用奋斗书写自己的励志青春。

她勤奋刻苦，争做追求卓越的专业标兵

文雅内涵，求实创新。迈入丰富多彩的大学，她始终坚信学习是一名学生的第一任务。她学习勤奋踏实，专业课成绩优秀，前三学年综合测评名列年级第28名（共247人），连续两年获得国家励志奖学金，校一、二等奖学金，精锐特别奖学金（全校仅10人）。此外，她不断提高专业必备技能，普通话水平达一级乙等，一次性通过英语四、六级考试。她立足专业致力创新创作实践，获全国大学生写作大赛三等奖，公开发表文章6篇；个人作品获批"大学生创新创业训练计划"省级立项。通过大学四年的扎实积淀，她凭借突出的综合素质，成功推免至本校攻读硕士研究生。

以文为马，筑梦讲台。怀揣着一个教师梦，她步入师大的象牙

211

塔，也步入了一段艰辛而漫长的追梦旅程。为实现当一名优秀语文教师的梦想，她刻苦锻炼教学基本功。入校以来，她先后荣获师范生教学技能大赛校级一等奖、省赛特等奖，在学科实践领域做到精锐。大四上学期，她赴马鞍山二中进行教育实习，出色地完成了实习任务，加入"郭惠宇名师工作室"交流学习，在教学一线进一步提升专业技能，获得了语文特级教师的肯定。实习余温未凉，她带着对语文教学的新知与收获积极备战第二届全国师范生教学技能竞赛。经过两天的激烈角逐，她与华东师大、华中师大等全国27所高校队近200名参赛选手同台竞技，最终斩获语文组一等奖及总成绩全国第三的历史佳绩，创造了师大学子参赛以来的最好成绩，个人比赛视频作为优秀范例收录于赛事官网。从校级一等、省级特等到国赛一等，她用努力，实现师范生技能大赛三项级别最高奖项的包揽；一次次挑战，一个个突破，她用行动，抬高青春脚步，提升梦想阶梯。一个四年为期的故事，一场梦想追逐的长跑，她用青春证明，勤奋才是天资。

她务实创新，争做全面发展的时代青年

勤于锻炼，拓展素质。课堂之外，她全面锻炼自身综合素质。作为一名主持人，她主持多项比赛活动；作为校史馆讲解员，她累积讲解校史35场，担任"雷锋活动图片主题展"讲解员，为全校师生进行现场解说；参加"南京大屠杀死难者国家公祭日思想座谈会"，参与录制师大宣传片《旭日》……她坚持追逐青春的梦想。入校以来，她先后获得校"我的梦想"主题演讲比赛一等奖、校"青春华章"诗文配乐朗诵比赛二等奖等校院级各类竞赛奖励30余项，获评文学院"优秀大学生"，校"自强之星"，省"品学兼优毕业生"等荣誉称号。

厚积薄发，绽放青春。青春是一场实践，在不断努力和积累中，她收获成长的锻炼，还有汗水升华的感动和花蕊绽放的惊喜。作为一名中国大学生，2014年6月她被选派参加中日友好协会组织的赴日教

育交流活动，主持文化交流晚会，受邀与日本前参议院议长江田五月先生就教育问题进行交流，充分展现了中国大学生的风采。作为志愿服务的坚定践行者，2014年12月，她代表五四爱心学校赴广州参加首届中国青年志愿服务项目大赛，经过4天的展示和答辩，参加项目在38个省级参赛单位505个项目中脱颖而出，荣获全国银奖。

她服务奉献，争做知行合一的青春标杆

坚定信念，以身示范。面对并不富裕的物质生活，施瑶（见图57）坚信精神信仰的重要力量，在思想上，她始终以高标准严格要求自己。大学伊始，递交入党申请书，她是学院首批参加党校培训班的学生，被评为"优秀学员"，成为2012级本科生第一批光荣入党的学生。她连续三年担任班级团支书，创办"三尺讲台"特色活动，累计举办校院级活动60余次，带领班级获得"院先进班集体"等集体荣誉10项。她个人先后获得校"优秀学生干部标兵""优秀团干"称号。作为一名学生干部党员，于集体于个人，筑班梦谋发展。

人本情怀，感恩社会。因为特殊的成长经历，在接受他人帮助的同时让她懂得用一颗感恩的心回馈社会。她奉献爱心，从点滴做起，坚持参加五四爱心学校社区义务支教活动。她连续两年组建校级重点团队开展志愿服务活动。2013年，赴安徽宿州进行义务支教，她克服重重困难，初立讲堂，彰显师范生风范。2014年，她作为团队负责人赴蚌埠怀远县开展为期

图57 "自强之星"施瑶

10天的义务支教，在奉献他人的同时，更加坚定了做一名自强中文人的信念。两年共获得校级暑期社会实践"先进个人"、优秀征文等5项

荣誉，个人事迹被人民网等媒体报道 30 余次，并荣登师大"向阳花"榜样志栏目。

她自助助人，争做大爱无疆的西部使者

向阳花开，接力青春。大四毕业那年，在面对考研与就业的抉择时，她毅然选择加入研究生支教团，凭借突出的综合成绩，她成为安徽师范大学第五届研究生支教团的成员。三千里风和雪，三千米云与月，川北高原的松潘古镇，是她新生驻足的一方热土，安徽援建的松潘中学，有她梦想发芽的三尺光阴。作为一名支教语文老师，她根据当地实际教学情况，及时调整教学方案，根据特色的文化教育环境，开展专题教学，班级成绩稳步提升。她组建了作文兴趣小组，三名学生的优秀作文成功发表。她利用课余时间，创办红烛补习班，义务辅导两名高三学生。她珍惜一线教学机会，不断提高教师技能，代表语文组参加全国语文教师读书竞赛，荣获三等奖。她充分利用支教资源，在学校开展了《中学生语言态度与语文能力调查》，转化支教成果。此外，积极协助校团委开展"关爱留守儿童"等爱心志愿活动。短暂的支教生活里，她更愿意做一名指路人，陪同学生经历成长的探索。用自己的梦想援助他人的梦想，助人助己，自强强人，是她内心坚定的力量。

研学归来，蓄势待发。一场青春的约定如期而至，为期一年的支教生活已画上圆满句号。满载青春果实，胸怀热血感动，她在青春的舞台上华丽转身，以全新的身份回归到熟悉的校园，身为安徽师范大学文学院 2017 级汉语言文字学方向的研究生，她在开学典礼上作为新生代表发言。展望崭新的研学生涯，她认真做好规划，每天读《左传》，打牢功底；积极参加语言沙龙，培养研究能力；担任学生助管，充实研学生活。放下粉笔，背起书包，她说能够再多些时间充实自己，她是幸福的；能够成为更好的自己，她是幸福的。

不幸的人有万般不幸，而幸福的人总是相同，无论生活逆境，无论挫折失意，总有始终陪伴她不离不弃的东西：她的梦想，她的执着，她勇往直前的勇气和永不服输的韧劲这是她富有的内心，是她的幸福。如果青春是首歌，那就大声歌唱吧。

＊　　　　＊　　　　＊

4.第七届"自强之星"：张黎

不惧风雨，逆境而生

张黎，女，2013级中文卓越班学生。父亲在她出生十一天时车祸遇难，与母亲相依为命至今，单亲家庭成长起来的她却始终乐观坚强，坚信"苦难是上天最好的礼物"，自立自强。大学四年，她始终以极高的标准要求自己，博学笃行，砥砺奋进，为成长为一名优秀的师大学子而不懈努力。

脚踏实地，做乐于奉献的学生骨干

用"责"诠释——积极进取的团学骨干。大学四年，她始终以一颗热忱之心恪尽职守，服务同学。入学伊始，即担任首届卓越语文教师实验班团支书，四年来，累计开展基础建设、思想引领、专业学习、素质拓展等各类活动40余次。卓越班团支部被评为校级"优秀团支部""优秀团小组"，个人荣获校"优秀团干"称号。

用"心"担当——踏实负责的学生干部。作为一名学生干部，她始终脚踏实地，为集体贡献力量。助力班级申报"十佳班集体"，组织汇编班级材料共计162页，近10万字。协助辅导员编写汇报材料，为学院拿到校"十佳班集体"第二名的好成绩，个人被评为校"优秀学生干部标兵"。曾任江南诗社宣传部第31任部长，获校"优秀社团干部"称号。

用"爱"书写——行走深山的志愿青年。2015年，她组建国家级重点团队，赴云南景东哀牢山区爱心支教。担任团队总宣传员，撰写实践纪实、人物专访等系列报道30余篇，团队受媒体报道290余次，微博话题阅读量60万，其中人民网、中国网、凤凰网等国家级媒体报道154次，创学院社会实践报道量新高。长篇纪实《行走在山区的笑与泪——记安徽师大赴云南景东三年支教情》被芜湖市《大江晚报》全文刊录。她因表现突出，被评为校级"先进个人"。

博学笃行，做全面发展的专业标兵

专业学习，争做学习标兵。2014—2016年连续两学年学业均分、素质拓展积分、综合测评均为专业第一；荣获国家奖学金、国家励志奖学金（2次）、朱敬文奖学金、余恕诚特别奖学金、校一等奖学金；学业总成绩、综合测评总成绩专业第一，保送至复旦大学中文系攻读硕士学位。

专业研究，争做科研新秀。负责国家级创新项目《女色研究——中国现当代女作家作品中颜色描写的特殊内涵》20世纪40年代女作家部分，已顺利结项；主持省级项目《山水之赏与田园之乐——论中国古代山水诗与田园诗的审美文化特征》，已顺利结项；《金蔷薇的熔铸——论康·帕乌斯托夫斯基的创作美学》获校本科生优秀毕业论文培育项目立项，已顺利结项；《论张爱玲作品中的色彩叙述之美》获校第五届本科生科研论文大赛一等奖（第一名）。

专业技能，争当写作能手。她酷爱读书，曾获文学院第五届读书报告会一等奖，《最是一抹蔷薇金》长篇书评获校首届"青通杯"征文大赛一等奖。热爱写作，曾获文学院"魅力新年"写作大赛一等奖、原创诗文大赛三等奖、全国大学生文学作品大赛三等奖等。

专业拓展，争当演绎达人。她积极参与各类拓展活动，曾获文学院第九届职业生涯规划大赛一等奖、话剧创作与汇演三等奖、第九届诗文朗诵大赛三等奖；参与摄制师大宣传片《追梦》，主持江南诗情

安徽师范大学文学院学生思想政治工作巡礼(2012—2019)

我们的青春

"新诗漫谈"讲座；2015年夏，通过层层选拔与紧张培训，她代表学校赴上海参加CCTV"中国诗词大会"初选，与来自复旦等高校的两百位选手同台竞技，展现师大学子底蕴。

知行合一，做精深卓越的师范精锐

三大课堂，练就精深师范本领。为了站稳三尺讲台，她坚持全方位提升自己的教学能力。第一课堂，打牢专业知识功底。两年来，几乎所有教师基础课程成绩均为专业第一。第二课堂，苦练基本师范技能。坚持每晚练习粉笔字数月，实现突破，字被老师赞为"整齐大气"。收集整理名师教案百余份，形成学习笔记6本。第三课堂，提升实际教学能力。赴省级示范高中安徽师范大学附属中学实习，任实习语文老师、实习班主任，努力提升自己的实际教学能力，实习期间的优秀表现获附中师生一致认可。课余时间模拟说课、无生上课、有生讲课40余次，赴山区支教近半个月、无偿家教时间近60课时。

厚积薄发，竞赛舞台一展风采。坚持不懈，她在师范生的竞赛舞台上崭露锋芒。在院选一轮说课、二轮讲课、校选模拟上课中，均以第一名的出色成绩晋级，获院、校师范生技能大赛一等奖并代表学校参加第六届安徽省高等学校师范生教学技能竞赛，在"课件制作""即席讲演""汉字书写""模拟上课"等环节中均表现出色。最终，从来自全省27所高校51个代表队共187名选手中脱颖而出，摘得文科组特等奖。舒展有力的板书、热情大方的教态、别出心裁的教学设计受到评委老师们的一致赞扬。代表学校参加全国第四届师范生技能大赛，摘得全国二等奖。

砥砺奋进，做奋斗不息的青春榜样

四年中，她从未放弃对自己的严格要求，荣获各类奖项、证书：国家省市级11项，校院级30余项。被评为校十大"自强之星"，文学院第六届青春"星"榜样优秀大学生，受邀参加文学院2015届毕业典礼并作为在校生代表发言，接受《安徽师大报》《大江晚报》等纸媒记者专访，采访稿《最是一抹蔷薇金》被芜湖市《大江晚报》整版刊载。先进事迹见于《安徽师大报》、安徽师范大学新闻网等，提名安徽师范大学2015年度十大新闻人物。受邀参与各年级经验交流、师范生交流会9次，分享奋斗历程，传递青春正能量。她被学校保送至复旦大学继续深造，当选研究生班班长，参与复旦大学学生党建核心团队，怀揣着师大给予的温暖教导，担负着师大人的使命与担当，她将继续砥砺奋进，拼搏在人生新的征途。

苦难是生活给予张黎（见图58）的养料，在风雨中自立，在逆境中奋起，她将继续脚踏实地、艰苦奋斗。天行健，君子以自强不息。

图58 "自强之星"张黎

* * *

5.第八届"自强之星"：周惠

以青春的名义

她叫周惠，一名来自北方却对水乡有着无限眷恋的女子，于是在填报高考志愿时，她选择了颇具徽风皖韵的千湖之城芜湖，选择了可以实现她教师梦的安徽师范大学，并在那里度过了平凡却又不失意义的四年。专业课认真听，公共课坚持上，素质拓展活动积极参与；早起读书，中午小睡一会儿，晚上陪着喜欢的人散散步或去图书馆安静地看会儿书。她说，她喜欢青春，享受青春的日子里奋斗的感觉，感恩青春的苦涩带给她的坚韧，她想一生都以青春的名义，赴一场力量征程。

她出生在山东省的一个小村庄，像大部分孩子一样，在父母的精心呵护下无忧无虑地快乐成长着。八岁那年，弟弟的出生让整个家庭又多了一份欢笑，父母相敬如宾，姐姐疼爱弟弟，一家人其乐融融地生活在一起。但命运总是一个爱开玩笑的主宰者，就在她高考的前夕，父亲被诊断出患有重度肺结核，在市人民医院进行了长达半年的治疗，高昂的医疗费几乎花掉了家中所有的积蓄，她的父亲也因此失去了工作。拿到大学录取通知书时，她和弟弟却因学费而不知所措，曾有一段时间，他们只能依靠亲戚救济和助学贷款来维持生计。

从贫困农村走出来的她，深深懂得唯有知识可以改变命运。进入大学后，她对待学业仍然同高中时期一样勤奋刻苦、不骄不躁，因此专业成绩也一直名列前茅，先后荣获国家奖学金、国家励志奖学金、朱敬文奖学金等九次，"三好学生标兵""优秀学生干部"等荣誉称号六次。作为汉语国际教育专业的学生，她扎根中文沃土，连续两年获全国大学生写作大赛三等奖，发表国家级、省市级文章近20篇；她立足专业特色，全国大学生英语竞赛获得过国家级特等奖两次、一等奖一次，大学英语写作比赛也分别获得特等奖和二等奖；她明确职业目标，积极备战汉语国际教学技能大赛，最终斩获特等奖。她热爱教学，志向通过研究生的深造成为一名业务精深的对外汉语教师，传播中华大爱。为全面提升自身技能，她似乎成了一个不折不扣的"考证迷"，经常奔波于各个城市，最终靠自学通过了英语中级口译、计算机VFP国家二级、高中语文教师资格证、国际汉语教师证、英语四六

219

级及口语等各项考试并获得相关证书。

如果你认为她的满足仅限于学业上的这些小小成绩，那你就错了，她的内心向往丰富多彩的世界，她的梦想在于绚丽多彩的舞台。学习之余，她还在学校的汉语桥协会任职，还组织参与中外联谊、中华文化传播之暑期社会实践等活动五十余次，用心传承中华优秀传统文化，她也从迷迷糊糊的"小助手"成为可以独当一面的副会长，并被评为"社团之星"。她还有一个学生之外的身份，那就是教务处教学助理，教学考核表格的制作、毕业生信息的归档、大学英语口语考试的监考工作，她坚持做到事无巨细，用心完成，受到广大师生好评，最终获评"优秀教学助理"。她有一个小小的梦想——十八岁实现经济独立，虽然这个梦想的实现比预期晚了两年，但她还是做到了，勤工俭学所得加上奖学金使得她不仅在大二时实现了经济独立，还在大三靠自己的力量还清助学贷款 8 000 元，每每想到这些，她也为自己这些实实在在的成长感到高兴。

她是一个懂得感恩的人，深知自己的每一步成长都有社会这个大家庭的关爱，一有机会，她便用一颗热忱的心为爱续航。学习和工作之余，她也经常参与志愿服务活动。大一刚刚入校，她便加入五四爱心学校的支教队伍中，坚持每个周末去荆山小学支教，看着自己辅导的学生在一点一点进步，吃着南方妈妈亲手包的北方饺子，她觉得即使每次都晕车也不算什么了。她一直关注着身边留守儿童的生活，连续两个寒暑假，她都选择留在家乡守护留守儿童，教他们知识，陪他们游戏，用真情去付出，希望他们能够感受到寒冬的温暖，哪怕点滴；期待他们收获盛夏的果实，哪怕一颗。她梦想能够成为一名对外汉语教师，于是她坚持每周义务辅导留学生，用自身所学播撒爱与温暖的种子。她一直用实际行动践行师大精神，最终成为一名光荣的中国志愿者，做客赭麓大讲堂、参与各年级经验交流会，她将成长谱写为一首诗歌，与他人分享。

她对学历也有着不懈的追求，曾多次想象自己戴着博士帽、拿着一纸博士毕业证书在某个图书馆前面灿烂微笑着，于是大三结束，她毅然决定考研。然而就在这时，上天又再一次考验了她。父亲的病刚刚痊愈，她的母亲却因胃部肿瘤病倒了，需要马上手术，那时她正在备战考研。于是，她马上买了回家的火车票，去医院照顾母亲。每天傍晚，她都会收到一张至少 5 000 元的医疗账单，直到现在，她都有些"害怕"见到柜台的护士，因为当时那些护士总是不停地催她缴费。二十多天，她住在冰冷又吵闹的走廊里，每个漫漫黑夜，她都在告诉自己，虽然黑夜给了她黑色的眼睛，但她要用它来寻找光明。母亲出院一个月后，她回到学校继续准备考研，曾因学费的事情而一度想放弃，在父母的一再劝告下，她坚持了下来。2017 年 4 月，她最终以第二名的成绩被专业实力在全国名列前茅的北京语言大学录取。

大学四年，从助力班级到服务学校，从文院十佳到安徽省品学兼优毕业生，身为中共党员，她始终坚持不忘初心，勇于担当，并把这份生活的信念与人生的追求带到了研究生的生活中，为青春开始了新的征程。

在刚成为研究生的那两三个月里，生活环境的改变与学习模式的转变使得她整天被迷茫的思绪与焦躁的心情笼罩着，那种感觉比只身一人走进大学的孤单无助更让她无所适从。她是一个感性却也不失理性的人，不想被动地被这种状态牵引着，但她一直记得大学老师在群里发的一句话："当茫然不知所措时，不要停止继续前进的脚步。"于是，课余时间她或者出去看看外面的精彩世界，或者去图书馆阅览导师推荐的专业书籍，或者去健身房锻炼身体，总之她并没有让自己闲下来，终于，她找到了属于自己的节奏，也结交了几个志同道合的朋友。

研一下学期，因为打算考 2019 年的泰国汉语教师志愿者，她应聘了北京联合大学国际交流学院的兼职对外汉语教师并取得了成功，这样既可以完成自己的教学实习，也可以为将来考取志愿者积累经验，最重要的是实现了她对外汉语教师梦。看着一纸教师任课通知书，她经常觉得自己仿佛置身一场美丽的梦境。现在的她，常把自己比喻成一只勤劳的小蜜蜂，每天六点按时起床，去北京联合大学给留学生上一上午课，中午回到学校经常是接近一点，匆匆吃了午饭就要准备去上自己的课，晚上回到宿舍制作第二天的课件，周末就去自习室看自己的专业书。这样一来，她所有的出游计划几乎都要被搁浅了，但是每当想到可爱的学生对自己投来求知与尊重的眼神、可观的工资足够支付学费与生活费，她便也不再觉得辛苦。

周惠（见图59）的故事，到这儿已经可以接近尾声。她的幸福很简单，有人爱，有事做，有期待；她的信仰很虔诚，越努力，越幸运；她的追求很平凡，心灵和身体总有一个在路上。她的日记本里写有这样一段文字："人生没有彩排，每一天都是现场直播，我的一生不必轰轰烈烈，但每一天都是充实的；我可能带给不了别人很多关怀，但绝不可以给他人和社会带来麻烦；我的命运或许已经被上天定格了轮廓，但我还是要用心刻画好每一个小细节，让生命之画尽善尽美。"

图59　"自强之星"周惠

这些是她的坚持所在。未来，她也许会是一名中文语文教师，或许是其他岗位的教育工作者，她的职业梦想在学校，生命不止，她就会一直为其不懈奋斗。

不知她的故事是否有一瞬间撩动了你的心弦？若是如此，请与她一起，厚德、重教、博学、笃行，永葆青春之心，以青春的名义，做一些有力量的事。

*　　　*　　　*

6.第十届"自强之星"：张智学

趁青春年少，扬清风万里

张智学，文学院2015级汉语言文学（非师范）专业学生。在他九岁时，父母离异，从此和爷爷奶奶一起生活。初中又经历两次手术，每次手术之前都要不吃不喝，住院二十多天。这些让他感受到坚强的重要性，也让他意识到唯有努力，才能为自己和他人撑起一片天。

坚守文学，汲取面对生活的勇气

因为热爱文学，他于大一下学期从生科院转至文学院。从选择开始，这就注定是一场不容许认输的持久战。

在经历课程转变、环境改变、成绩不理想的挑战后，他没有放弃自我，反而更加勤奋学习、先后获得校一、二等奖学金、国家励志奖学金、晨光奖学金，并且通过英语四六级、计算机二级等多项考试。在实习期间，由于他的勤恳认真，被校人事处评选为"优秀实习生"。

在文学中，他找到面对困难的勇气，写作让他笑对人生中出现的波涛起伏。4年的坚持创作和300余次的投稿，终于让他获得"安徽省第一届校园读书创作活动"二等奖、"第十二届、十三届全国大学生文学作品大赛"二等奖、"全国青年诗文大赛"二等奖、陕西2018国际博物馆日全民有奖征文活动公众组优秀奖等各种文学奖项20余次。

不忘深究专业知识，坚持看书专心致志。在三年多的学习中，他的成绩特别优异。论文《论北岛的"无题诗"》获校本科生优秀毕业

223

论文培育项目立项，独立撰稿完成并收到国家级期刊《海外文摘》的录稿通知。通过不懈努力，他被评为安徽师范大学 2019 届优秀毕业生、安徽省高等学校品学兼优毕业生。

超越文学，努力实现个人的价值

文学能够帮助人们认识世界，而真正的人生不能永远只躲在文字里。感受缤纷的世界，是对文学的深度拓展。他曾任职于校学生会、院学生会、广播台，参与各种活动策划 20 余次，参与运动会、素质拓展等各种活动 50 余次。

面对家庭经济困难，他没有向生活妥协，利用自己的课余时间，做过带辅导班、家教等近 10 种兼职。经过不断交涉，最后和北京头条易科技有限公司签约账号运营，与北京超级思维文化传媒有限公司签订 4 本图书委托编写合同。通过这些兼职共挣取 3 万余元工资，已经完全承担起个人日常的生活支出。

感受生活，永不止步。他还利用假期时间，参加了华夏茶书院冬令营、江南书院乡贤文化与当代教育学术会讲等活动。将书本知识与现实经历结合起来，更能强烈地感受到中文的魅力和传统文化的价值。

除了平时参加爱心学校，他还做志愿服务。大二暑假，他组建文学院赴阜南王堰支教实践团队，带着一群热血青年，去往偏僻的农村，奉献真挚爱心。在艰难的环境下，他依旧积极撰稿、广泛宣传，讲述留守儿童的故事和支教的感悟。在中国青年网、未来网等国家级网站发表各种稿件 20 余篇，并获"优秀教育札记"等奖项。教学期间，不忘留下自己的温暖，为学生写下明信片、书信万余字。

回归文学，坚持传播梦想的力量

作为一个中文学子，他想通过文学作品激励更多处于迷茫中的人。这是他过去不断追求的目标，在将来也会奉为圭臬。

4年来，他坚持创作各种作品60余万字，成为北京市写作协会会员、四川校园创作文艺研究会会员等6种会员和签约作家。这让他更加意识到一个中文人的职责。

文学作品发表或选录于《花开不败》《天津诗人》《芜湖日报》等共计70余篇次，累计发表10万余字。经过不懈努力，已经出版个人诗集《槿檀》，个人散文集《沐汐》。

传承文院精神，彰显师大风貌。张智学（见图60）积极参与《青年向》《幽林石子诗刊》等编辑工作，亲自主编《趁青春年少》一书，有全国20个社团组织支持，征集稿件40余万字，从征稿到印刷成书经历了10个月，最后由团结出版社正式出版。

通过文学，能够看到"不幸的人各有各的不幸"，也能看到努力的人千姿百态。他们给予世人倔强生活的信念，继续前行的勇气，以及战胜困难的力量。他，愿意做一个给予世间温暖的中文人。

图60 "自强之星"张智学

（三）"爱暖师大"十佳青年志愿者

1.第一届"爱暖师大"十佳青年志愿者：饶雁鸿。

青春，因志愿之心永存

饶雁鸿，2011级汉语言文学专业本科生，第一届"爱暖师大"十佳青年志愿者。曾担任五四爱心学校校长，文学院五四爱心学校赴云南景东彝族自治县支教团队队长；曾参加安徽师范大学首届志愿者骨

225

干培训班，文学院第49期入党积极分子培训班，并获得"先进个人"荣誉称号。饶雁鸿一直致力于志愿服务活动，用爱心与责任心为志愿服务工作贡献自己的一份青年力量。

永远不停止的志愿者之路

2011年9月，她带着行囊踏进了安徽师范大学的校门，也带着对支教的向往，义无反顾地加入了五四爱心学校。

2012年夏天，她如愿加入院支教团队，前往陕西安康，深入当地留守儿童家中，进行爱心支教活动，开展"一对一"帮扶，这一过程虽然艰辛却更加坚定了她继续走下去的决心。一年后，她带着感恩和期待之情组建了校级暑期实践重点团队，带着十四个热情洋溢具有奉献精神的志愿者奔赴云南景东彝族自治县，并在当地建立了邦庆完小五四爱心学校暑期社会实践基地。十几个人一起坐几十个小时的火车，一起睡地上，一起挤大通铺，一起走山路的经历让他们这个团队更加懂得互相关心体谅、友爱互助，也更加清楚地认识到，他们的志愿者之路，才刚刚开始。

来到这个云南山村的第一天，她遇到一个笑起来眼睛会发光的女孩。但有几次她偶然发现，在她亮晶晶的眼睛里，流露出的是不符合她这个年纪的忧伤。在后来的接触中，饶雁鸿慢慢知道了她的故事。她是一个出生在安徽的孩子，在她很小的时候，爸爸只要喝酒就会打她和妈妈，于是外婆和妈妈为了保护她，带着她长途跋涉来到云南。不幸的是，有一天外婆为了挡住路边失控撞向她的卡车遭遇车祸离开了人世。到现在饶雁鸿还能清晰地记得小女孩告诉她这件事情时嘴那边令人心疼的笑，那是她那个年纪里不该有的无奈。即使是家庭的不幸，让她看起来没有那么开朗，但每次上课的时候，她仍然是最积极最认真的一个，她会和同学们一起大声朗读字词、文章，会非常用心地和饶雁鸿一起用小手认真比对，会睁大那圆溜溜的眼睛盯着老师写在黑板上的每一个字。下课的时候小女孩总喜欢和饶雁鸿一起玩，她给小女孩梳理头发，整理书本，小女孩给她讲笑话，看自己的七彩画。他们虽是师生，却如朋友那般亲密。

对于留守儿童来说，他们真正需要的是陪伴，是弥补父母不在身边的亲情缺失。支教结束告别的时候，她跑过来用蹩脚的普通话问饶雁鸿："老师，你明年还会来吗？以后呢？"几乎每一个孩子都会问这个问题，问很多很多遍。渺小如她，但那一刻，她却感受到了自己的价值，感受到了他们内心的渴望。那些穿着破旧不堪的棉袄的孩子们最灿烂的笑，是最令人心痛的笑。从那一刻，这些心痛变成她立志成为一名支教人的动力。如果可以，饶雁鸿愿意一直做这些孩子的护航人，愿做他们的太阳，做一颗散发光芒照耀孩子们的恒星。

她是一名支教人，但她更是一名志愿者。除了日常的支教工作，她也希望在大学生涯中做一名服务师生的热血青年。在担任班长的那四年时间里，她尽力将志愿服务精神带到日常管理和班级活动中去，组织班级同学学雷锋并进行爱心募捐、为玉树地震受灾群众捐款等活动；在担任文学院第49期党课培训班班长期间，带着班级同学坚定地跟随党的步伐，组织学员赴火龙岗社区进行图书馆整理工作、义务清理教室、倡议公益献血等活动，用热血青春践行社会主义核心价值观。班级是她的小家，也是她愿奉献光热、温暖所有人的地方。作为校首期志愿者骨干培训组长，她和其他的志愿者积极参与志愿服务技能培训，协同校学生会组织举办高雅艺术进校园，如话剧《立秋》的演出，为观众做好入场检票服务工作。在做好一名校园志愿者的同时，她利用寒假时间选择做社会服务，在报社实习期间参加"农民工漂流"活动，为上百名农民工发放图书。参加市图书馆为百姓写春联志愿活动，倡议保护野生动物，将志愿精神融入生活之中。在做一名支教者、做一名班级服务者、做一名有担当的新闻媒体人的同时，她深刻地感受到当代青年志愿者一定要紧跟时代，永不懈怠。点点滴滴的积淀和成长，是她在志愿服务这条路上穿过迷雾的拐杖，在志愿服务的过程中帮助了他人，收获了成长，提升了自己。

2015年从安师大毕业后，饶雁鸿（见图61）选择了出国留学，去了马来西亚。一转眼三年快过去了，身处异国他乡的她时时刻刻怀揣着对老师同学们的想念，对母校的怀念，对祖国家乡的思念，同时也坚守着作为一名志愿者的坚定信念。马来西亚是一个多元化融合的国家，在那里的几年中，她接触到了很多不同国家的人。她清楚地记得当自己作为一名中国学生代表和不同国家学生代表交流中国文化时的那份自豪，她也清楚记得作为一名汉语言文学专业学生给当地孩子普及汉语活动时的激动之情，她更记得在一次印尼之旅中作为一个普通中国人为其他国家旅客解决问题时，心中的志愿者责任和担当冉冉升起时的感动。

她曾是一名支教人，但更是一名志愿者。一本证书可能代表着一个志愿者身份，但心中有没有志愿精神才是一个志愿者真正的体现。不管身处哪里，不管做什么工作，只要秉承志愿者之心，贡献小小的力量，她相信就能给这个社会带来温暖，带来美丽的光彩。

几年的志愿者生涯给她留下很多记忆，孩子们那一张张纯真的笑脸，她忘不了；异国他乡那些人一个个肯定的眼神，她忘不了；支教同伴们那一颗颗坚定的心，她忘不了。

这是志愿者生涯带给她的回忆，这是志愿精神留给她的前进的动力。青年，是一个处处洋溢着青春色彩、焕发青春气息的群体；志愿者，是一个为群众服务，时刻奉献爱心的代名词。

她自豪，她是一名普通的青年志愿者；她自豪，她是一个有温度的人。志愿生涯于她而言永远没有结束之日，只要志愿之心常在，那温暖就会长存！

图61　"十佳青年志愿者"饶雁鸿（左）

*　　*　　*

2.第二届"爱暖师大"十佳青年志愿者：汪旭

当青春遇上志愿服务

汪旭，女，汉族，1992年2月出生，安徽滁州人，中共党员。文学院2015级中国现当代文学专业硕士研究生，团中央中国青年志愿者第16届研究生支教团成员，安徽师范大学第二届"爱暖师大"十佳青年志愿者，2015级汉语国际教育专业辅导员。曾任文学院2010级汉语言文学专业班长、本科生党支部副书记、安徽省2017年青马工程大学生骨干培训班班主任、校团委组织部部长助理、安徽师范大学第二附属中学招生办主任助理、文学院研究生会办公室副部长等职务。当青春遇上志愿服务，她身体力行地诠释青春的定义：看过一些风景，做过一些事，帮过一些人，有过一些思考……

229

时光如琥珀，高中入党并担任校学生会主席，她理想信念坚定并积累了一定的学生干部工作经验，大学主动竞选班长。作为班长，四年时间，始终坚信班级同学无小事，组织开展百余次文体活动，精心组织"学习雷锋·奉献他人·提升自己"等三大志愿主题教育系列活动。携手安徽师范大学附属萃文中学长期开展"语文教师助理""我要上讲台"等模拟实习系列活动，提升班级同学师范生专业技能。连续两年组织参与校级重点团队奔赴各地开展暑期社会实践，并建立市内首个国家级高新区"大学生社会实践基地"，她在忙碌充实的大学生活中，一天天成长蜕变。

虽然常常站于幕后，没有多少走进照片的机会，也遇到过误解委屈，但天道酬勤，她所在班级荣获校"十佳班集体"、校"五四红旗团支部"等集体荣誉22项。一千多个充实忙碌的日子，她个人获得安徽省品学兼优毕业生、国家励志奖学金3次、校一等奖学金4次、安徽省"青春·理想"第二届大学生自创话剧展演二等奖、优秀学生干部标兵、三好学生标兵等各类奖项二十余次。每一次为班级为同学默默服务的尝试和收获都让她品味着付出所带来的幸福，更内化为成长的力量。

当青春恋上志愿

"岁月总有不动声色的力量"，在班级志愿服务工作中所领略的风景、做过的事、收获的成长，让她开阔眼界，慢慢地，她看到那些不在身边却急需帮助的人们。

迎着三月依旧寒冷的风，她与班委们在芜湖高校园区的五所大学里转悠着寻找"盟友"。一次次尝试、一遍遍说明，经过近两个月的努力和坚持，终于在2011年4月，她和班委们与皖南医学院、安徽中医药高专、安徽商贸职业技术学院、芜湖职业技术学院的五个专业，400多名志愿者，成立省内首个校际大学生公益组织"江城五校爱心联盟"，并邀请芜湖市文委、弋江区文体局老师担任指导教师。收集废品，筹集基金，自制"母亲水窖"公益宣传片并在校园、社区巡回播放，一年内援建西部母亲水窖2口，搭建南陵县、弋江区农家书屋4个，为班级患病同学募捐，筹集善款15万余元。此外，在社区里开展"汉文化魅力巡演"、走上街头"服务芜湖市文明城市创建"、深入乡镇"搭建爱心课堂"，举办专题讲座、暑期关爱老兵等，联盟组织的多项大型公益活动受到新华网、光明网等多家媒体的广泛关注。她用每一次善行诠释爱心不息，奉献不止，让志愿服务的青春梦因思考和奉献而变得温暖、有价值。

当青春追随志愿

她始终坚信每个志愿者就像一根蜡烛，微小之力也许无法温暖整个寒冬，可当蜡烛多一根再多一根，寒冷就会少一点。

随着江城五校爱心联盟志愿服务范围的扩大，她接触到越来越多的人和事，这些宝贵的经历促使她萌发为西部做一些实事的念头。大学四年的信念支持和技能积累，让她在本科毕业后光荣地成为团中央中国青年志愿者第16届研究生支教团成员。她响应"到西部去，到基层去，到祖国最需要的地方去"的号召，只愿用一段完整的时间，一心只做一件事，献上一份温暖。

为了能更好地胜任支教工作，大四上学期她认真完成师范生专业实习，获评"优秀实习生""优秀毕业生"，并担任校团委组织部部长助理、安徽师范大学第二附属中学招生办主任助理等。不同的身份，同样的初衷，只愿为甘肃山区的孩子们带去更好的教育，做好一个启蒙者、影响者。

2014年8月，穿越一千多公里，历经20余小时的车程后她抵达支教地甘肃省平凉市灵台县城关中学。到校的第二天，她就投入到紧张的支教工作中去，初一（6）班的班主任和两个班的语文教学任务、完全陌生的环境、语言交流障碍、教学方式不同等问题接踵而至，但学生们像星星一样闪亮的眼睛给了她信心和勇气。

　　面对当地的教育现状，她充分发挥自身优势，在课堂教学中穿插课外知识，打开学生思维，课堂内外开展课本剧展演、文学辩论赛、啄木鸟行动、诗文朗诵、经典诵读、主题演讲、普通话推广、团体心理辅导、"追风筝的人"户外体验赛等，真正让兴趣带动学习。此外，她充分利用课余时间深入当地名师教学课堂观摩学习，探讨教学经验，摸索教学方法。三百多个日夜，一学年的认真用心，上百份的助学案，绞尽脑汁的教学设计，最终在全县统考中她所带班级语文成绩获得同级校排名第一，9名学生考入全县前30名，指导的学生获得语文报杯全国中学生作文大赛甘肃省一等奖（全校唯一）。个人也获得写作指导一等奖、"灵台县教学质量先进个人"、校"模范班主任"、校"优秀教师"等荣誉称号。学生们的全面发展和健康成长所带来的肯定和鼓励，已经远远超过现实的重重困难。

　　在与当地老师交流的过程中，她和同事们得知在乡镇中存在很多"独生"学校。在圆满完成支教任务的同时，她利用周末义务帮扶蒲窝乡阳湾沟小学，一个只有一名校长、一位年迈的教师、一个学生的乡村学校，乡里稍有一点能力的家庭都把孩子带出去上学了。两间土房子，一块凹凸不平的黑板、两张桌子、一个安静的小女孩，当曾经在电视报道中看到的景象真实地展现在眼前时，她心里是无法言说的酸楚。学校里唯一的学生叫王雪，她提前为孩子准备发卡、学习用品，辅导作业，陪她画画，给她讲故事，拉着她的手一起游戏，只愿让王雪不再孤单。

当青春熔铸志愿

看过不同的风景，认识不同的人，经历不同的事，更懂得这样一个道理：当你认认真真地全身心投入一件事时，你会发现其实能做的还有很多很多。

从甘肃支教结束后，她回校读研。从学生变成老师，再重新回到校园，她更加珍惜不易的时光。研究生期间，她踏实学习，努力钻研，撰写、发表科研论文3篇，参与编写文学院"青春丝语"文丛，担任文学院研究生会办公室副部长，获得安徽省品学兼优毕业生（研究生）、校优秀硕士研究生新生奖学金、一等奖学金、优秀研究生干部等荣誉十余项。

她深信奋斗本身就是一种幸福。在完成学业的同时，她担任文学院2015级汉语国际教育专业辅导员。结合专业特色带领学生开展"文以筑梦，带你读懂中国"主题系列活动，创设新媒体平台，以"一带一路"为引领，形成校内汉文化活动带，校外汉文化传播路，与学生一起争做新时代的文化志愿者。所带班级荣获校"十佳班集体""优秀团支部"等集体荣誉23项。连续两年带队指导校级重点团队开展暑期社会实践，建立实践基地，实践事迹获得人民网、光明网等国家级主流媒体报道百余次。指导的学生荣获校"优秀志愿者"称号、第一届"爱我国防"全国大学生演讲大赛三等奖（全省唯一）等多个奖项。此外，担任安徽省2017年青年马克思主义者培养工程大学生骨干培训班班主任、文学院汉语国际教育专业卓越班本科生党支部副书记、文学院分党校第54期入党积极分子培训班班主任、第4期学生党员培训班班主任等，个人荣获校第七届辅导员职业能力大赛三等奖第一名、校社会实践优秀指导教师等。奋斗的青春里，一路走来，她选择用爱绘写青春故事。

岁月总有不动声色的力量，当青春遇上志愿服务，便有了汪旭（见图62）与学生们八年的时光接力，而志愿服务已经成为一种信念、一项事业，熔铸于她的学习、生活中，化为梦，蓄为力。有爱的青春，未完，待续……

图62　"十佳青年志愿者"汪旭

*　　　*　　　*

3.第四届"爱暖师大"十佳青年志愿者：李维岩

志愿服务，青春无悔

李维岩，2011级对外汉语专业本科生，中共党员。文学院2016级戏剧与影视学专业研究生，2016级汉语国际教育、戏剧影视文学专业辅导员、文学院研究生会副主席。曾担任文学院学生会副主席，五四爱心学校副校长，广播台播音部部长。

遇见：校准青春前行的航向

赠人玫瑰，手有余香。李维岩本科期间连续三年参加五四爱心学校志愿支教服务，坚持每个周末前往梅莲路小学、荆山社区义务辅导贫困学生，获得"优秀志愿者"称号。他创新支教形式，根据不同年龄学生的特点，开展丰富多样的课外活动，变支教为"智"教；建立贫困学生成长档案，关爱帮扶困难学生，为家庭贫困学生募集助学资金，助力贫困学生成长；为留守儿童开展心理辅导，普及心理知识，构建心理安全防线，预防可能出现的心理问题。

李维岩连续两年参与、组织五四爱心学校暑期社会实践，前往陕西、云南等地，开展爱心支教，实地调研山区教育现状，走访坚守山区的人民教师，连续两年获得暑期实践"先进个人"称号。团队与个人事迹先后被国家省市级媒体报道上百次，个人接受安徽电视台采访，分享爱心支教服务经验。

秉承助人自助、乐人乐己的志愿情怀，李维岩在志愿服务的道路上始终奋进。

坚守：锤炼专注实干的精神

靡不有初，鲜克有终。暑期社会实践是大学生了解国情、增长才干、奉献社会的重要平台，对于大学生坚定理想信念、增强历史责任感和社会使命感具有不可替代的作用。

2012年暑假，李维岩参加五四爱心学校赴陕西石泉义务支教活动，将志愿服务从学校延伸到社会，也更加坚定了他将志愿服务工作坚持下去的信念。2013年，李维岩作为队长，组织学校志愿服务骨干力量，成立文学院赴云南哀牢山志愿服务团队，开辟云南支教点，将关怀目光投向云南深山中的留守儿童。五年来，云南团队始终坚守初心，每年暑假跋涉千里，让希望之花开在哀牢山深处。2016年与2017年，李维岩两次作为带队教师，带领学生再次前往哀牢山，对山区留守儿童开展爱心陪护，帮助他们打开心扉，接纳世界。2017年云南团队获选为"远洋探海者第九届全国大学生社会实践奖"资助团队，第二次获批成为国家级重点团队。团队实地走访多所山区小学，采访扎根深山数十年的基层教育者，写成《群山灵魂》山区教师人物集。团队还与五四爱心学校达成合作，招募志愿者与哀牢山垭口完小三、四年级学生建立爱心陪护70余对，形成"一对一"书信往来，构建学生心灵防线。在这个过程中，李维岩深感自己的渺小，更被那些默默为山区教育奉献一生的人民教师感动。

追求着奉献、友爱、互助、进步的志愿者精神，李维岩在志愿服务的道路上始终成长着。

前行：砥砺向上向善的品行

电照风行，上下求索。李维岩本科期间积极参与各项学生工作，担任文学院学生会副主席，组织学生会成员开展爱校荣校的"绿丝带"环保志愿行动；连续两年组织开展"美丽师大"盆栽置换活动；组织学生会骨干承担纪念江南诗社成立三十周年暨大学生诗歌学术研讨会的会务工作。他担任广播台播音部部长，主持多档校园直播节目；在安徽师范大学第41届、第42届运动会开幕式中担任主持人。

传递志愿火炬，助力志愿青春。他担任文学院两个专业的辅导员，时刻不忘将志愿服务精神带给学生。汉语国际教育专业积极参与校园基础设施建设，对教学楼的硬件设施损坏情况进行义务普查登记，并将汇总资料交给物业管理人员。戏剧影视文学专业积极参与"'型'动校园"志愿活动。协助科室老师组织开展阅读推广活动，翻译古文达20 000余字；将班级"一周影评"活动与图书馆观影活动相对接，扩大活动影响力；承担"敬文大讲坛""心影相随"观影活动的会务工作，同时两个班级共有90名同学参与各类志愿服务组织，8名同学担任五四爱心学校社区负责人，志愿服务在班级蔚然成风。从带动同学到引领学生，李维岩在志愿服务的道路上始终发挥着自身独特的影响。

离开哀牢山前，孩子们对李维岩（见图63）说："我长大后也想成为像安徽师范大学的哥哥姐姐们这样的志愿者。"奋进、成长、影响，李维岩思考着，这就是对志愿服务信念最好的诠释，也是对青春最好的注解。

图63　"十佳青年志愿者"李维岩

（四）青年好网民

1.中国青年好网民——叶诗平

建强清朗网络志愿者队伍，提升学子网络媒介素养

在成为网民的那一刻，叶诗平心中就住进了一位侠客，头脑中永远存在一道防线，心中是优秀传统文化滋养出的正能量，拥有看得见陷阱、挡得了暗箭、补得上漏洞的防护技能，用法律筑起法制的屏障，这位侠客指引她在好网民的正义之路上越走越远。

构建新媒体矩阵，引领青年学子争做"中国好网民"

所有选择都是因为热爱。因为热爱，作为青年大学生的叶诗平，入学以来投身于校园网络文化建设。2016年7月，她成为安徽师范大学文学院学生会新媒体部部长，负责学院官方微信平台、微博以及专题网站的建设、运行与管理。她累计负责推送微信软文近600篇，微博200余篇，各类文章总阅读量60余万。

237

红心向党，唱响青春主旋律。在"安徽师大文学院"平台上创建党团引领专题，宣传学院分党校、各专业、班级党团建动态，大力开展"一学一做"教育实践、"学习贯彻十九大精神"宣传教育活动，展示"优秀党支部""魅力团支部"。打造"青年之声"工作坊，开辟"文院青年说""师说心语"专栏，邀请优秀学子发出青年好声音，邀请教学名师发出好声音，宣传党的创新理论成果和实践要求，传播主流价值观。共推送微信软文百余篇，反响热烈。

坚定自信，弘扬社会主义核心价值观。引领青年争做新时代向上向善好青年，开辟"青春榜样"专栏，展示青春"星"秀、自强之星、先进班集体、活力团支部等优秀个人与集体，用榜样的力量激励向前，推送微信软文40篇，阅读量1.5万。开设"文化青春"线上专题，引导青年坚定文化自信，举办线上古诗词大赛、成语大会等活动，组织"树洞小屋"线上征文，佳作鉴赏，推广德雅书苑传统文化活动；深入开展"礼敬中华优秀传统文化"线上活动，增强青年学子对中华优秀传统文化的认同感，推送微信软文60余篇。

筑牢安全，争做守法好网民。让网络安全与法制意识内化于心、外践于行，呼吁同学们掌握网络安全防护技能，筑牢网络安全法制屏障，推送"警惕校园网贷，共享美好青春"等微信近30篇，引领同学们注意网络安全，提升网络法制意识。

聚集网络正能量，带头建功新时代

2016年暑假，皖南地区暴发洪灾，叶诗平积极参加抗洪抢险志愿服务，并依托网络平台募集善款5 000元，积极发布网文宣传志愿者们的感人故事，后被人民网专题报道。

2017年暑假，她奔赴安徽省岳西县菖蒲镇进行文化采编，主动创建"赴菖蒲翼起筑梦智教童行实践团队"微信平台，持续宣传支教故事，努力挖掘当地平凡人的动人故事，将崇高的品质与纯朴的风土人情传播开来。

实践二十天内，叶诗平采访当地在教育的山路上行走了三十年的村党总支副书记江选民，始终心系留守儿童的五四青年奖章获得者刘磊，非物质文化遗产桑皮纸技艺传承人、以一己之力撑起整间学校的乡村教师王学胜等人，据采访得到的真实材料推送微信软文22篇，被岳西网、菖蒲论坛、CCTV文化中国等转发，取得良好社会影响。其中"1+1=大山的爱"报道的是乡村教师王老师的故事，为大家展现坚守在大山深处的乡村教师身上无私奉献的高尚品质，引起社会各界的广泛关注。

在推送微信软文之余，她撰写有关创新课堂、留守儿童、志愿者和孩子等方面的电子新闻稿，在人民网、共产党员网、教育部中国大学生在线、团中央未来网等主流网站上发表文章30余篇。

发出青年好声音，让网络"清朗侠"更多

叶诗平（见图64）深知一个人的力量是有限的，她主动作为，构建学院网络"型"动清朗志愿者队伍。她发起由学生会、各社团、各专业、各班级代表组成新媒体"清朗侠"联盟，组织专题培训，宣传教育活动，动员更多青年加入网络志愿者队伍，累计登记志愿者千余人。他们积极发现、记录身边好人好事，发起清朗网络话题接力，坚决抵制网络负能量，努力激发青年的先进性和担当精神。

此外，叶诗平在寒暑假社会实践队伍中传授新媒体技术，让更多队员将闭塞山村孕育出的文化与爱心传播出去。无论是高腔、根雕艺术还是桑皮纸技艺，无论是医生的仁心、教师的坚守、村干部的爱民、还是手工业者的传承、老兵的爱国、

图64　"中国青年好网民"叶诗平

239

徽共青团等官方微博、微信平台多次转载。

弘扬社会主义核心价值观，争做青年好网民

每当看到自己所发布的新闻稿件的点击量在不断增加、微信阅读量在不断提升时，任曼玉（见图65）都能深切地体会到网络的再生力量以及建设清朗网络环境的重要性，这也使她意识到身为一个青年网民所需担负的责任。

于是她更积极地参加"清朗网络，校园力量"话题及"国家网络安全宣传周"活动，发表正确言论，传递健康向上的用网理念；并积极发现、记录身边好人好事，展现榜样示范作用，聚集网络正能量。不仅如此，任曼玉还不断开展新闻稿写作的线上、线下培训活动，让更多青年网民加入营造风清气正的网络环境的队伍之中，为努力激发青年的先进性和担当精神贡献力量。

"自觉传播正能量，弘扬网络主旋律。"身为一名青年网民，作为一名校园媒体人，她严格约束自己，传递主流价值观，将青少年的担当精神延伸到互联网，为建设良好网络空间发挥了生力军的作用。

图65 "安徽省青年好网民"任曼玉

第四篇章　春色满园关不住

宣传思想工作是做人的工作的，要把培养担当民族复兴大任的时代新人作为重要职责。重中之重是要以坚定的理想信念筑牢精神之基，坚定对马克思主义的信仰，对社会主义和共产主义的信念，对中国特色社会主义道路、理论、制度、文化的自信。

　　——习近平2018年8月21至22日在全国宣传思想工作会议上的讲话

一、安师大志愿者支教哀牢山区 点亮大山深处的希望之光

南岸村，哀牢山深处的一个小山村，由于地处僻远，教育资源相对匮乏。为了给当地的学生提供更加优质的教育资源，打开一扇认识外部世界的窗户，安徽师范大学赴云南景东爱心支教团队坚守承诺，再一次来到南岸小学开展爱心支教。2016年7月18日，爱心支教正式开班，50余位学生家长在《爱心支教安全责任承诺书》上按下了信任的红手印。

山区道路九曲十八弯，孩子们的上学路十分不易，但是出于对志愿者的信任和对教育的渴求，家长们还是冒雨把孩子们送到了爱心支教的课堂上。

南岸小学的王峰校长告诉记者，"安徽师范大学赴云南景东爱心支教团队已经是第四年来到我们景东，家长们之所以愿意把孩子们送到爱心支教的课堂上来，就是对志愿者前三年工作的肯定，希望支教团队再接再厉，做出更好的成绩。"

"今年，我们团队做了充分的准备工作，不仅精心编制了教学材料，还策划了不少有新意的活动，如：为爱着色、石头上的绘画、音乐之旅等，我们一定会尽己所能，不计报酬，给小朋友们带来一个难忘而有意义的假期。"支教团队队长高宜帆说。

"情系皖滇，知行为践。爱连彝汉，铸爱南岸。"（见图65）支教队员们希望通过自己的努力，满足孩子们对知识的渴望，点亮大山深处的希望之光。

二、安徽师范大学21岁大学生用篆体写板书

说到板书，很多人或记起老师的粉笔字迹，或想起年少时的教室黑板。但是你见过有人用篆体写板书吗？最近，一位安徽师范大学21岁的大学生无意中书写的板书，被部分网友推崇，有的网友甚至称其为"最强板书"。

这究竟是怎么回事？记者联系到板书的作者——安徽师范大学卓越语文教师实验班的朱文韬。如果说字如其人，朱文韬还真像这么回事。初次见面，他里面穿着带有盘扣的白色衬衣，外罩一件青灰色的开衫，戴着一副圆框眼镜，就连他的好朋友也说，曾经有人夸他最适合生活在古代，因为他不光打扮随性，还爱吟诗。朱文韬的板书是2016年5月20日他参加一个聚会时，随机写在房内黑板上的，令他没有想到的是，当时自己在QQ空间上传的板书照片，竟然被朋友传上了受众颇多的网站。

之所以朱文韬的板书被一些网友津津乐道，是因为他用篆体书写了李白的一首《乌栖曲》。朱文韬称之为"篆书"。那么，什么是"篆书"？据悉，篆书是大篆、小篆的统称。笔法瘦劲挺拔，直线较多。起笔有方笔、圆笔，也有尖笔，手笔"悬针"较多。大篆指金文、籀文、六国文字，它们保存着古代象形文字的明显特点。"我们的文字都是由象形文字脱胎而来。篆书更是起源于秦汉。"正如朱文韬介绍和所写，对于其板书的文字，记者有的认识，有的看起来颇为复杂，只能猜测。不过，能够看得出来，板书确实含有不少象形文字的特点。

这样复杂的字迹出自21岁的朱文韬之手，并不奇怪。这个来自四川的小伙子，从小就喜欢古代文学，尤以古代小说、唐诗为甚。"我觉得古人很有智慧，他们的作品对现代人的生活不仅有益而且能够启迪大家，只要有人传承，古代人的智慧就不会消失。"虽然高考之前朱文韬的体育成绩不错，但是大学他仍然听从自己的内心，选择了与文学相关的专业。之所以能写得一手篆书，这不仅与他的兴趣相关，也离不开上大学后的勤奋努力。采访中，朱文韬告诉记者，虽然之前阅读古文时，他多少接触过篆书，但系统的学习还是在大学之后。"我们的古代汉语课，会了解字形字体的结构特点，也会让我们在小黑板上练习手写。"再加之平时的多练多写，时间一长，朱文韬便能活学活用，写起篆书来也不算难事。出于对古代文学的热爱，他打算将来考研把古代文学或中国文献学作为自己的专业方向，"有可能的话作为终生事业吧！"

　　（本篇文章摘自2016年5月31日光明网，作者李婷雅、赵亚玲当时系安徽师范大学文学院学生）

三、安徽师大:传统文化润泽童心 国学经典守护童真

"从现在开始,你们就是小老师了。"孙校长认真地和队员们说道。2016年7月,安徽师范大学文学院赴阜南育蕾小学国学支教团队本着"守真·守正"的主题,正式开启国学支教之旅。

创意:"开学第一课,很高兴认识你"

"有什么方法能让孩子们一眼就记住我呢?"团队的小老师们开始为"如何上好第一堂课"发愁了。经过热烈的讨论,在指导老师的建议下,大家决定采用"创意名片"的方式介绍自己。在深夜星光的陪伴下,粉色的爱心、可爱的小章鱼、彩色的太阳花等各种各样的卡通名片在小老师们的手中诞生了。

生动有趣的名片设计迅速吸引了孩子们的注意力。"那你们想拥有属于自己的名片吗?"孩子们拉长声调说:"想……"接下来,在大学生老师的指导下,学生开始独立设计自己的名片。随后,通过展示自己的名片,师生们有了初步的认识与了解。

创新:"你们的课真有趣啊"

实践团队突破传统的支教模式,不仅以国学经典为教学课程,还加入剪纸、吟诵、汉舞和书法等一系列课程,孩子们兴趣浓厚、反响热烈。有一个二年级的孩子不情愿地前来补习,长长的睫毛被泪水浸湿了。"我们有很多有趣的课程,有剪纸、书法,还有吟诵、手语舞呢!""老师,那我想学剪纸。"孩子破涕为笑。

活动课程之后,孩子们和小老师愉快地相处了一下午。剪纸课

我们的青春

安徽师范大学文学院学生
思想政治工作巡礼(2012—2019)

上，他们争先恐后地展示自己的剪纸作品；手语舞课上，他们一丝不苟地学习每一个手语动作，学唱每一句歌词；书法课上，学生们认真地学习握笔姿势。傍晚放学时，孩子们礼貌而亲切地和老师们告别。"老师，你们的课真有趣啊。"夕阳的余晖映照着一张张充满笑容的脸庞。

创造：把"要我学"变成"我要学"

兴趣是最好的老师。此次国学支教中，大学生老师们以学生兴趣为引领，激发孩子们对国学经典和传统文化的热爱。早晨的琅琅读书声，课堂上的踊跃发言，午休时的安静乖巧，活动课上的认真积极，值日时的积极主动，这一群刚刚结识的师生，正在慢慢地融合在一起。

课业课程的压力，在一定程度上限制了孩子们对传统文化的兴趣和探索。实践团队借此机会，利用孩子们的暑假时间，改变传统文化教学中的诵读模式，创造良好的学习方式和氛围，把孩子们的"要我学"变成"我要学"。

守护童心之真，以孩子们的兴趣为课程引领；坚守传统之正，以优秀中华文化为课程目标。国学支教团队创新课程理念，转变教学方式，坚持打造"有创意、敢创新、能创造"的暑期社会实践团队。

（本篇文章摘自2016年7月13日中国社会网，作者唐霞、李倩倩当时系安徽师范大学文学院学生）

四、师生开展艺术实践、国学学习、民俗体验,安徽师大——优秀传统文化这样"圈粉"

"在互联网时代,青年人能这么热爱和关注传统文化,我对传统文化的传承和发展充满信心。"日前,安徽省书画院院长刘廷龙在安徽师范大学一场题为《中国书画欣赏》的报告引发"追捧",报告厅内、走廊上挤满了校内外传统文化爱好者。

"作为培养社会主义合格建设者和接班人的摇篮,高校要把中华优秀传统文化渗透于思想政治教育之中,把社会主义核心价值观内化为青年学生的道德标准和行为准则。"安徽师大党委书记顾家山说。

让优秀传统文化根植校园

一盏灯,一块白油布,一阵锣鼓,几根木棍翻腾跳跃,一段苍凉邈远的唱文,演绎出一幕幕家国天下的大戏。

一连几天,在安徽师大礼堂里,热爱传统文化的师生饱览了省级非物质文化遗产——皖南皮影戏原汁原味的演出,还在皖南皮影戏第九代传承人何泽华的指导下学习制作了简单的皮影人物。

"不做台下惊叹的看客,要做优秀文化的践行者和传播者。"这是参与皮影戏传统文化教育的教师杨穆龙、徐雅萍共同的心愿。

让优秀传统文化深深扎根大学校园,学校将功夫下在了在还原中创新、在创新中还原,让各个角落都能听到传统文化与时光碰撞的声音。

为优秀传统文化传承"拆墙"

"在大学里,如果没有听过陈文忠老师讲文化,那真是太遗憾了!"被弟子们尊称为"陈子"的文学院教授陈文忠,不论是上课还是《〈三字经〉的四重解读》专题讲座，场场爆满已是常态。

"课程是开放性的，不论专业年级、身份职位，来到这里都是中华传统文化的继承者和传播者。听我们的课没有门槛，只要感兴趣、有时间，随时欢迎。"学校传统文化推广人戴和圣说。

自2014年11月至今，安徽师大聘请专家学者开设国学经典、礼仪常识等课程近30门，每个月授课2—3次。"国学与社交礼仪""汉字、书法与中华文化"……在校师生、毕业校友、社会人士纷纷前来"蹭课"。

优秀传统文化也可以很新鲜

自20世纪70年代末开始，安徽师大陆续创办了赭麓书画社、赭山史学社、江南诗社、德育研究会等一批学生社团，成为传播中华传统文化、丰富校园文化生活的清新力量。

进入新时代，德雅书苑、爱智哲学社、新国学社等社团意识到传统文化对高校实现立德树人根本任务的重要意义，纷纷扛起传承优秀传统文化的旗帜。目前，该校从事与传统文化相关活动的学生社团有15个。

"让学生在与历史和文化的亲密接触中，了解历史、了解文化、了解自己，进行爱国主义教育和社会主义核心价值观培育、体验和实践，会达到最直接的效果。"该校团委副书记汪凯说。

"近年来，安徽师范大学积极贯彻落实国家和省高等教育有关政策，积极推动传统文化的传承与创新，注重挖掘具有地方区域特色的创新资源，站在建设世界一流地方区域文化的高度，系统回答加强传统文化尤其是徽文化传承创新的时代意义和现实价值。"校长张庆亮说，在这个过程中，探索和汲取优秀传统文化的博大内涵和人文精神，把弘扬优秀传统文化和发展现实文化有机统一起来，在继承中发展，在发展中继承。

（本篇文章摘自2018年5月18日《中国教育报》，本报记者柴葳，通讯员袁黎平，其中袁黎平当时系安徽师范大学宣传部工作人员）

五、安徽师大"五四爱心学校"义务支教遍江淮

2009年7月16日，全国首个自发性质的市级爱心家教组织——安徽师范大学"五四爱心学校"响应共青团中央"我爱我的祖国"暑期社会实践主题，以"践行科学发展观，砥砺青春促和谐"为要求，发挥师范教育优势，共组织了8个"五四爱心学校"支教团队。150余名志愿者奔赴宣城、金寨、黄山和宿州等地市的乡镇进行义务支教，范围遍及江淮大地。

据了解，安徽师范大学"五四爱心学校"创办于2004年，作为全国首个自发性质的市级爱心家教组织，学校成立以来不断吸引众多学生的加入。截至目前，"五四爱心学校"先后有800余名大学生志愿者，累计为芜湖市500多名特困家庭子女送去了10万小时的无偿支教服务。该组织也先后获"安徽省青年志愿者先进集体""安徽省精神文明十佳事迹"等多项荣誉。

7月11日上午，安徽师范大学"五四爱心学校"还在宁国市中溪镇成立了第一所在芜湖以外地区的分校。此后每年暑期，来自安徽师范大学"五四爱心学校"的志愿者们都将来到这里进行爱心义务支教。安徽师范大学领导在宁国暑期支教基地揭牌仪式上说："五四爱心学校是师大最著名的社会实践品牌，既为学生实践提供了条件，又满足了社会需求。我们的同学在基层实践中找到了自身的价值，在实践中了解自己、了解国情，在基层实践中学会了调整自己人生发展的方向。"

在开展各类支教活动的同时，安徽师范大学"五四爱心学校"还

将留守儿童和三峡移民子女列为志愿者重点关注对象。在革命老区——安徽省六安市金寨县，"五四爱心学校"外国语学院10名大学生志愿者从7月4日开始在金寨县银山畈希望小学义务支教。志愿者发挥外语专业特长，结合小学生实际学习状况，设计了以英语教学为主，配合语文、音乐和体育等课程的教学方案。经过辅导，学生的成绩提升十分明显，山里孩子的英语发音和词汇记忆技巧有了很大的改善和提高，受到学生家长的普遍好评。在芜湖市繁昌县平铺镇，"五四爱心学校"文学院的志愿者在这里为三峡移民子女提供无偿家教辅导的同时，还对三峡移民的生活状况进行入户调查，相关调研报告将于近期提交给有关部门。

（本篇文章摘自2009年7月16日央广网，通讯员刘淮宇当时系安徽师范大学文学院学生）

六、安徽师大志愿者暑期支教提升师范技能

"提高教学技能的最佳途径，便是与一线教师展开面对面的深入交流。"教学技能交流会由安徽师范大学赴云南哀牢山"开窗明路"爱心支教团队带队老师李维岩主持，会上，他对志愿者们说道。志愿者们按所负责年级顺序依次分享了十余天的教学体验收获与迷惑，与完小老师面对面交流，汲取经验，提升自身。

以身为范：公开课堂展技能

"'蒙汉情深何忍别，天涯碧草话斜阳'，这句话在老舍《草原》的结尾处，表达了蒙古族汉族人民之间的深情厚谊。这句话是文章的主旨句，可以通过这句话来读懂文章！"这是五年级语文老师何鹏华在给志愿者们上公开课《如何读懂文章》时的场景。

在开展教学技能交流会之前，垭口完小五年级语文老师何鹏华和四年级数学老师李文亮先后以身为范，为安徽师范大学赴云南哀牢山"开窗明路"爱心支教团队的志愿者们展示教学技能。志愿者们则与学生们一起，在教室里认真做好听课记录，汲取老师上课经验，提高自身教学技能。

教学相长：山区师者谦学习

"老师，我在班级里发现有一两位学起来很努力，但是学习效果不明显的学生，我们该怎么办呢？"负责五年级语文教学的志愿者曾庆昌说道。针对这个问题，垭口完小五年级的何老师给出了答复："学生的学习成绩跟接受能力、学习习惯、学习态度等诸多因素有关，

作为老师，应仔细分析原因，对症下药。"

垭口完小的老师们多数已从教数十年，但仍虚心学习，课余时间查找各种教学资料不断提高自己。"自己的知识得不到更新，陈旧的教学方法和教学观念跟不上教育现代化的发展，这是我从教这么多年来最大的遗憾。"坚守岗位30余年的罗容贵老师在接受志愿者们的采访时说道。志愿者们秉着"师者，所以传道授业解惑"的初心来到垭口完小，另辟蹊径，寻觅良方，不断地汲取营养，积累经验，提高教学技能。

开窗明路：多彩课程护成长

"你们的到来，对于学校的孩子们而言，不仅是一次新鲜活力的注入，更是一把开启通往山外世界大门的钥匙。"交流会上，何鹏华老师激动地对志愿者们说道。无疑，热情的志愿者们的到来，将丰富多彩的山外世界带进了哀牢山，让始终沉寂在半山腰上的垭口完小重新鲜活了起来。

课堂上，志愿者们为孩子们系统教授美术、音乐、舞蹈课程，发掘出有艺术天赋的学生；通过开设"国学经典导读""启蒙英语""趣味拼音""'悦'读世界"等趣味课程，打破山区教育的局限，丰富山区儿童的学习生活，将他们的目光引向山外。

孩子们眼中的这些来自山外的大哥哥大姐姐们不但在课下也能成为他们的知心朋友，还陪他们做游戏，倾听他们的烦恼。"每次跟孩子们玩耍时，他们总是拉着我的手不放。他们的单纯和童真甚至把我拉回到了小时候的回忆呢！"志愿者李先明兴奋地对同伴说道，"也希望通过我的陪伴引导，为他们单纯又敏感的心灵筑起一道安全防线。"

正如德国哲学家雅斯贝尔斯所说："教育本质是：一棵树摇动另一棵树，一朵云推动另一朵云，一个灵魂唤醒另一个灵魂。"十余天的支教生活，于垭口完小的孩子们而言，是打开一扇窗，发现一片新天地；

于志愿者们而言，更是"一线"教学技能与经验的积累。教学相长，润物无声，在一次又一次的体验中，在日长月久的积累中，年轻的志愿者们也一定会像垭口完小的老师们一样，将教育作为一生事业来对待。

（本篇文章摘自2017年8月17日中青在线，作者张曼玉当时系安徽师范大学文学院学生）

七、安徽师大志愿者专访高腔老艺人：乡土文化的守护者

"咚，咚，咿呀咿欻……锵！"

安徽省安庆市岳西县五河镇五河村村委会二楼会议室，急促的鼓点像潮水一样涌来，随着镲相互摩擦的声音划破空气，古拙质朴的岳西唱腔在会议室里荡漾开来。

岳西县五河高腔剧社的几位老艺人正在聚精会神地进行他们的表演。7月，安徽师范大学文学院赴菖蒲创意写作教学实践团队的志愿者们前往五河镇五河村拜访了这些年龄在60岁以上的老艺人。

他们点染高腔的灵魂

志愿者们一走进剧社办公室，映入眼帘的首先是挂在墙上的各式精致华美的演出服。再看时，原先坐在椅子上的老艺人们已经站立起来——他们早已等在这儿了。

当志愿者们对岳西高腔传承中心的艺术顾问汪同元老师进行采访时，老艺人们就坐在一旁静静听着，眼睛里满是专注，听到精彩处，便使劲地点头。他们都是地地道道的农民，从小生活在大别山深处，日出而作、日落而息，大多数没有很高的文化，不懂什么大道理，此刻坐在这里听研究专家向志愿者们介绍他们挚爱的岳西高腔，脸上是真诚而欢喜的。

随后，岳西高腔的表演正式开始。五位艺人端正地坐成一排，锣鼓咚锵，《天官赐福》的曲声随之响起，一人主唱，到高潮处，五人齐唱，曲调高亢，唱腔浑厚，乐声肃穆，给人以天官降临、赐福人间的仪式感。他们用心演好自己的角色，一丝不苟，专注诚恳，因年老

257

而浑浊的眼睛此刻闪耀着动人的光芒，点染着岳西高腔的灵魂。

他们奏响乡野的乐曲

五河村的高腔剧社成立于2011年，作为一个体系完整、组织完备的民间高腔组织，自成立以来，剧社一直积极响应政府号召，多次高质量完成送戏进万村、进景区的演出任务。剧社的成员，既有退休的工厂职工、辛勤耕作的农民，又有贩卖茶叶的商人、手工业者，剧社演出没有出场费，老艺人们也没有补贴，将他们聚集在一起的，是发自内心的对高腔的热爱与敬畏。

2012年，中央电视台在岳西县河南村蒋氏支祠"六行堂"进行拍摄，五河高腔剧社受邀做专场演出。"央视的栏目组对节目的质量要求很高，为了拍出尽可能完美的高腔视频，我们天天往返于五河村和河南村之间，一遍又一遍地排练，每个人都默默付出，没有一句怨言。"提起那次录制，老艺人们都笑呵呵的，语气里满是自豪。

六年来，送戏下乡、嫁娶喜事、为敬老院老人"庆寿"，只要有需要，剧团成员们就会放下手中的活，自愿进行演出。演出结束，每个人都筋疲力尽，吃饭也不讲究，随便弄点菜就对付一餐，"不求吃好，只求吃饱。"

当志愿者们问他们坚持的原因时，老艺人们露出淳朴的笑容："就是喜欢唱嘞，不唱忍不住嘛。再说了，我们不来唱，谁来唱嘞？"据统计，仅仅是成立的前三年，剧社已经义务演出31场，观众超过6 000人。这样的民间剧社，在岳西有12家。从妙道山村到思河村，从茅山敬老院到乡村大舞台，高腔剧社的艺人们就这样奏响乡野的乐曲，将岳西高腔唱遍了乡村的每个角落。

他们期待高腔的未来

近年来，随着越来越多的人对非物质文化遗产的重视，岳西高腔迎来发展机遇。但其发展现状仍不容乐观，"没有专业的剧团，没有系统的师徒传承，没有开拓创新的意识，岳西高腔可谓处境艰难。"一位老艺人忧心忡忡地说道。

作为国家首批非物质文化遗产，岳西高腔的传承问题是老艺人们一直担忧的。网络携卷着流行文化汹涌而来，依然遵循传统唱法的高腔很难引起年轻一代的兴趣，愿意花苦功夫去学习的更是寥寥无几。如今的剧社靠着老艺人们对高腔的满心热爱维系着，但因为没有固定的收入，很难有人将其作为毕生的事业去传承。

在专业的戏曲教育中，只有京剧、昆曲等较大剧种有专业化的培养体系，岳西高腔的传承，还是以传统的口耳相传为主，缺乏系统的培养模式。"岳西高腔能不能传承下去，还是要看年轻一代。我们老了，没希望了。"老艺人口中充满忧虑和无奈。

"海上蟠桃初献，人间岁月入流，开花结果几千秋，来在华堂庆寿……"有这样一群人，扎根于乡野，从年少到古稀，从万历年间风靡全国的青阳腔到响彻大别山区的古老戏曲，将近四百年的时间，他们一代又一代的延续与传承。作为乡土文化的长情守护者，无论岳西高腔传承的境遇如何，此时此地，他们的唱腔，都一如当年那般浑厚与动人。

（本篇文章摘自 2017 年 7 月 17 日人民网，作者钱志成、阚薇薇当时系安徽师范大学文学院学生）

八、回归的诗意:"青春孝行"重逢"下巴写诗女孩"

"雅静姐,我们回来了! 先要代表大家恭喜你了!"王雅静如花的脸庞带着阳光的笑意,小腿撞到椅子并没有影响她敏锐的思维表达:"又见到你们了,又一次的重逢! 今年的'青春孝行'又归来了。"

2016年夏天,安徽师范大学赴阜阳"青春孝行"暑期社会实践团队的志愿者采访了第20届"中国五四青年奖章"获得者王雅静,面对这位先天脑瘫却写下四千篇作品的"下巴诗人",与她共话青春榜样,接受模范教育。

2017年,青春孝行"教·研·助"衣钵传承再出发,看望新获得"全国残疾人事业十大新闻人物"称号的"小张海迪",带着对"扶贫扶智"的理解,和雅静姐亲切面谈"孝文化"实践,感受榜样、孝行和信念的回归。

榜样回归 青春互耀

"雅静获得特殊提名是安徽人的荣誉,也是咱大阜阳的骄傲!"大学生村官蒋雪梅和队员到达王雅静的新家,彼此充满重逢的感怀和相惜。

"不用担心我的脖颈。我为了自己而点鼠标,我也为了他人而写作。"女儿的肢体长时间绑在椅子上乱撞,不停低头让雅静妈妈十分心疼。"真的感谢妈妈教我拼音,父亲影响我写诗。"王雅静看着转动自己椅子的母亲说。

没上过学的雅静硬是凭借超人的意志和同龄人一样读书,勤奋思考并传递自己的声音。虽然不能走入田间地头亲身实践,王雅静仍然心系他人,线上参与"蒲公英"等公益项目,激励生命有残缺的人

我们的青春

安徽师范大学文学院学生
思想政治工作巡礼(2012—2019)

们。"第十期'晓之爱'的微博是今年的尾声了，一定要看看。助人之外我需要沉淀，回归我原有的读书思考，要每天断网、定时读书写作。"

雅静母亲告诉志愿者和大学生村官："雅静非常喜欢安徽师范大学的'青孝'团队。'闺蜜书记'蒋雪梅也被她常挂嘴边，队员分享给她快乐，这些成了她生活中阳光的部分。"

"你们对我很重要！"出语同音，王雅静和队员相视一笑，其实对队员们来说他们"就像互相充电一样"。队员们和雅静姐交流，能学习修身修人之道，获得新的榜样力量。

孝行回归　初心毅守

温馨的书桌一边摆放着老照片和文学书籍的壁柜。悉心的队员发现，搬家后的王雅静仍保留了书房原有的格局。就在这片天地里，王雅静屈曲的肢体被椅子牵绊，思想通过鼠标与世界沟通，用精神的独立带给父母欣慰，守护她的自强和孝亲的初心。

王雅静请队员吃西瓜，自己轻声婉拒母亲递来的一小片。看着文弱的雅静，队长王恒关心道："还要控制体重吗？""是啊，爸爸挪动我不容易。青春孝行，点点滴滴，你们监督我一路同行。"上一年，她花费一整周为青孝团队的《孝心人物志》作序。而在这一年，雅静在自媒体上帮助团队转发宣传，发表对实践的短评，尽己所能广传孝心。

回归使人看见成长和成果，团队在坚守初心的同时把"17计划"也分享给雅静姐。听完青春孝行"在一个地方做十年"的目标时，王雅静表示对团队回归"传统文化"实践和坚持长期扶助孝心少年的行为表示感动。

她借诗人的感性抒发道："我被困在身体里，可以说我是贫穷的；

261

但'我'选择'我'的方式来帮助，帮助会形成一个循环。像你们每回到王店镇并坚持帮助孝心少年就很好，贫苦的孩子会因为孝育和陪伴打开新世界，这是超越你我之外的传递。青孝是独特的风景。"

王雅静在与志愿者交流中笑得如花灿烂。

信仰回归　赤子相拥

"孝是多层次的，我们教孩子、开课堂不一定全教知识。打开一片新天地，启发他们看见太阳。"王雅静抬头，望着残联编发的《向天而歌》封面上的高远天空。

"雅静姐，我们在扶立体的'智和志'。孩子们的心是纯洁的，理想教育最能使他们感动上进。"副队长刘章怡说起参与课堂的经历时尤为动容，"一句'为祖国健康工作'的激励，晨曦中的操场就多出两个调皮男孩跑步的身影；奶声奶气的'妈妈辛苦了'，让老师看见孩子对亲长和家国的真情。"

王雅静提炼说，孝文化是一种相信的文化，能够使孩子们学会联系个人、亲长、集体和民族，情感和志向足够改变家庭，"相信的力量永不疲劳"，热爱国家让生命骄傲幸福。

"一直以为雅静姐这样的诗人不谈思想政治，但其实，她是理解了本质，用诗意和爱意召唤和表达罢了。"志愿者何涛感慨。喜静的雅静坚持为"青孝素养课堂"录制开课视频，寄语建档立卡贫困户的学生。又送给青孝"扶贫徽标"一首自己的诗《蝴蝶·少年》，她希望孩子"因理想而眺望"。

临别时，王雅静在椅子上给设计徽标的副队长一个长久的拥抱。"我们虽然踏不同的路，但我清晰感受到我们前行的汇合处。心相拥，献温暖，不离不远，孝重逢。"

（本篇文章摘自2017年7月13日中国青年网）

我们的青春

安徽师范大学文学院学生
思想政治工作巡礼（2012—2019）

九、安徽师大志愿者专访剪纸艺术家翟晓玲:红纸上的守望者

2017年8月,安徽师范大学文学院德雅书苑赴繁昌剪纸技艺承习实践团队的志愿者前往繁昌老年大学,拜访坚持剪纸十年如一日的翟晓玲老师。志愿者来到翟老师所在的剪纸教室,前后墙都贴满了剪纸作品。琳琅满目的图案和缤纷的色彩,让每一位来访者都惊喜万分。

继承:圆一个梦想

志愿者们到达时,正在设计精美图案的翟晓玲老师立即起身热情迎接他们。即便是短暂的等待,她也习惯在剪纸中度过。

志愿者对各种花纹很感兴趣,一直在询问老师这些作品的裁剪过程。翟晓玲老师始终微笑,看着眼前这些二十岁左右的大学生,仿佛看到年轻的自己。实践队员了解到,老师就是在他们这个年龄接触并喜欢上剪纸的,后来因为各种原因一直错过学习剪纸的机会。直到退休后才毅然决然地拿起剪刀,希望能继承剪纸艺术,实现年轻时的梦想。

翟晓玲老师为志愿者们示范几种剪纸样式,从千姿百态的牡丹到含苞待放的莲花,从翩跹起舞的蝴蝶到憨态可掬的牛犊。一张红纸折叠几次,打好底稿,开始裁剪。翟晓玲老师神情专注,刀刀入线剪去陈杂,空气安静得能听到剪刀和纸张之间摩擦的声音。翟晓玲老师说:"好的作品不仅源于深深的热爱,更源于细致入微的每一笔,源于脚踏实地的每一步。"在剪纸时,翟晓玲老师依旧散发着青春的光亮,这是她对梦想的追随。

相伴：十年如一日

2005年，翟晓玲来到老年大学学习剪纸，第二年便被南陵县邀请成为一名剪纸老师。"我真的没想到，第二年就可以去教别人剪纸了。"翟晓玲老师回忆道，"我喜欢挑战，如果是自己喜爱的东西，就更要抓住机会。剪纸就是我最大的乐趣，闲着没事的时候就是忍不住想要剪纸，看到有趣的图案也要把它剪下来。"一直到现在，她坚持剪纸教学已有十二年之久。

在担任剪纸教师的十余年里，每次老年大学有新生报到时，翟晓玲老师总是第一个出现在大家面前。"有人喜欢，我就去教，别人学会了我也开心。"用十年去热爱一门技艺，是她最自豪的事情。承习传统文化也是需要时间的，而翟晓玲老师十年如一日的坚持，正是工匠精神的完美体现。

守望：剪纸的未来

随着大众对传统文化的关注度逐渐提高，繁昌老年大学每年都有新学员加入。但在谈到剪纸的未来时，翟晓玲老师还是显得有些忧虑："现在学剪纸的人越来越多，但普遍都是老年人，剪纸是优秀传统文化，更需要年轻人的力量。"

对于未来的发展计划，翟晓玲老师表示："计划就是坚持剪纸呀，不管新学生是多是少，我肯定会教下去的。但如果可以，我更希望能有让剪纸走进高校的活动，能有更多年轻人了解剪纸的魅力。因为他们才是真正的继承人，而我现在能做的，就是守望。"

一把剪刀，一张红纸，人间百态在翻转折叠中融汇，传统文化在描画裁剪中传承。有一种人，为一件事倾注了全部热情，扬匠人不懈之精神。即便面容沧桑，他们的笑容依旧灿烂。

（本篇文章摘自 2017 年 8 月 16 日中国青年网，作者高晓慧当时系安徽师范大学文学院学生）

第四篇章　春色满园关不住

十、安徽师大：书声灯影下的"传承人"戴和圣

书法，是中国特有的一种文字美的艺术表现形式，被誉为"无言的诗，无行的舞，无图的画，无声的乐"。书画同源，自古就与人的生活密切联系。为了深入挖掘"当下青年应如何练习书、画"，探索赭麓书画社未来的发展之路，安徽师范大学赭麓书画社四十周年寻根之旅团队对赭麓书画社早期的社员——安徽师范大学戴和圣老师做了一次专项访问。

从初次结缘，到欧水相依

回忆起与书法的结缘，戴和圣老师指出，他最初受到民间艺人书法创作氛围的熏陶，并不模拟蹈袭前人，开始自己研究书法。到大学，成为宣传委员，在学生工作及宿舍装扮方面，总少不了书画作品的装点。成为教师后，他更是注重书画对审美眼光与精神气质内在的培养。"年轻人喜欢高品质、时尚化的物质，书画家们并不一味追求奢华，他们的作品具有独特的艺术气息，这是对文化欣赏的一个回归。"戴和圣老师从书法与人的气质内心方面和队员们讨论道。

与他的话印证，队员们一进入戴和圣老师的办公室，便被朴实诗意的环境感染了，墙上挂的书画作品吸引着大家的目光。

变更的时代，永恒的追求

不管是古代亲近自然的生活，还是现代快节奏、商业化、物质化的生活，书画都活跃在人们的视线中。"当一个人，乃至一个社会发展到一定层次，他们会回过头来，追求生活的品质。"自 1998 年进入

大学以来，戴和圣老师与众多热爱书画的同学凭着自己对书画的热爱，用廉价的石头与刻刀，自愿开展各类书画活动。如今，通信设备发展迅速，人们交流很少用书信，但发达的网络又给书画一个更专业的平台，更加强调书画与传统文化的传承。

新时代愈加强调"美育"，美育的核心内容就是通过书法、绘画等艺术培养人的审美艺术与眼光。"它是你生活品质的一部分，如今大多青年人被物质生活填满，不懂得珍惜时间。等到年纪大了，你会发现书法、绘画这些东西是可以提升自己生活质量的。"戴和圣老师强调，无论在什么时代，精神世界总需要被充实和丰盈。

坚守其初心，创新添活力

古时民间手艺人通过对联这一形式，营造出尊敬书法、爱好书法的氛围。"写书法主要是出于兴趣，可以把写字当作自己的门面。"兴趣是最大的动力，也是联系社团的纽带。十几年前，赭麓书画社没有良好的条件，只有社员自发凭着热情来创作、交流作品。当时的社团活动就是一些定期书画交流和"三字一画"比赛。虽然当时的活动没有现在丰富和频繁，但是书画社成员的水平大都很高，安徽师范大学文学院写字板书的整体质量比现在要好。

戴和圣老师指出，现今物质条件发展迅速，同学们应该在创新的同时保存好原质的东西。同学们应该将书法设计与时代发展同步，不但要进行普及类的讲座，还要开展丰富多彩的文化建设活动。

持书画精神，助社团发展

"只有传承赭麓书画社四十年的书画精神，才能使它在当今社会有自己的核心力量，从而屹立不倒。"这是戴和圣老师强调的，也是书画社的队员们所坚守的。

戴和圣老师指出，传承书画精神，一方面要在社团人员选拔方面

267

入手，找对书法感兴趣和在这方面有特长的学生，提高书画社团队的质量，把书画的精髓留下来。在其基础上，建立符合现代大学生审美和需求的活动，比如"海报设计大赛"。另一方面就是尽量让专业老师加入，举办活动靠的不仅是资金，还有人脉，社团培训学员是需要老师辅导的。

赭麓书画社实践团队的队长表示："也许有时我们太注重与当今时代的联系，往往忽略对书画精神的坚守与传承，最终会适得其反。""坚持本质的东西，与时代发展相结合。"戴和圣老师的话不仅深深刻印在每一个队员的心中，也为书画社的发展指明了一条正确的道路。

（本篇文章摘自2019年7月27日中国大学生在线，作者王雪伟当时系安徽师范大学文学院学生）

我们的使命（代后记）

流光飞舞的岁月，划走了数载光阴。忆往昔，我们的时光穿梭如歌岁月，青春的故事在这里生根、发芽、成长。

这里，是梦想起航的地方。肩负神圣的使命，师生共同奋斗，聚是一团火、散为满天星，收获关不住的满园春色。这是我们的青春，与时代同呼吸。我们对安徽师范大学文学院2012年以来的大学生思想政治工作成果进行整理，汇编成《我们的青春——安徽师范大学文学院学生思想政治工作巡礼（2012—2019）》。全书分为四个篇章："梦想起航的地方""聚是一团火，散为满天星""奋斗的青春最美丽"满园春色关不住"，既是一种回望，也属一种品味，更想从中获得一些心得和体会。

本书的成功编纂，得益于历届学生会、社团联合会、学生社团、各专业（班级）的点滴积累。在魏鑫鑫（文学院2019届毕业生）等多位曾担任过学生会主席的同学带领下，学生会媒体中心、档案部等认真做好素材的搜集整理、采编汇总等工作，为书稿打下了坚实基础。学工团队对多年来的思想政治工作进行梳理、总结、提炼，马小苏、阚薇薇、王韵、谢啊英、叶诗平、龚书娴、肖蓓、张云云等同学，孜孜不倦、细致入微，进行筛选、整理、设计、汇编、校对，付出了辛勤的努力。后期，李明、谷澍、张士睿、李明珠、徐秋玥等同学接续加入，进行补充完善。2020年暑期，文学院"读书三让"语言文字创意团队的同学们也加入其中。2021年暑期，校友、文学院学工"夫妻档"何涛、章琳合力对书稿作了认真梳理完善。在此基础上，我们对

269

本书稿进行最后的删减、修改、完善并定稿。书稿从策划到形成过程中，学院党委予以大力指导和关心。在此，我们对所有参与此书材料搜集和编辑整理、提出宝贵意见、给予支持帮助的老师和同学们表示衷心感谢！

在书稿形成时，我们更不会忘记曾经一起追梦、志同道合的青春好伙伴，正是他们始终和同学们一起，为最美的青春奋斗。他们分别是张敬、陈霄、袁黎平、张银丹、吴青山、陈骁、马建、白璐、杨穆龙、郜雪、赵静、李震、王坎、朱露露、徐雅萍、孙霁雯、赵瑜、何涛、汪旭、周青松、李维岩、黄洁、杨玉婷、瞿陆子慧、凌德喜等，在此谨向他们致以崇高敬意！

所有的选择都是因为爱。基于对大学生思想政治工作的热爱，本着回首、总结、展望的初衷，梳理我们的工作足迹，留下我们的青春记忆。希望本书能够展示我们大学生思想政治工作的成果，为有志于此的同仁们提供一点借鉴和思考，推动新时代大学生思想政治工作的发展。由于时间和水平有限，书中难免存有不足之处，恳请读者朋友不吝赐教，为我们提出意见与建议。